テニスコートの建設と維持管理
計画から設計・施工・メンテナンスの基本

羽鳥　昇

はじめに

　本書は、テニスコート建設の計画や施工、維持管理について、安全で使いやすい施設とするための実践的な方法について書かれています。また、費用を抑える経済性の側面を加えた対処についての技術的なポイントについても述べています。

　国内既存のテニスコートは、およそ90％が県や市区町村などが設置・管理する公共の施設です。こうした施設の計画や施工は、公共工事の独特なプロセスを経て造られることも要因となり、利用者や管理者にとって良質な施設とならないばかりか、工事費や維持費の負担増となっている場合も数多くあります。

　民間のテニスクラブやテニススクールの施設においても、計画時の間違った情報や設計者・施工者の経験・技術不足によって使用感や安全性、耐久性、維持費などに問題が生じ、満足できない施設となってしまう事例も数多くみられます。

　本書は、より実践的な情報をテニスコートに関わる多くの皆様にお伝えし、お役立ていただくことを目的として、技術者視点からまとめていますが、アスファルト舗装など技術が確立されている分野の専門性を解説する内容は省略してあります。専門的な分野に焦点を当てすぎると、テニスコート本来の目的である競技・レクリエーション・運動・遊びの場として利用するスポーツ施設の本質から離れ、施工者目線の単純な技術的指標になりがちです。

　現在、国内のテニスコート競技はグランドスラムなどに代表される「硬式テニス」と日本発祥のソフトテニス（軟式テニス）があります。本書では「硬式テニス」について本文で記述し、ソフトテニスについては「TENNIS PLAY & STAY」「インドアコート」「屋上施設」と共に加えてあります。

　テニスコート建設のSDGs（エス・ディー・ジーズ）への取組としてプラスチックゴミの削減があります。テニスコート素材の人工芝から生じるマイクロプラスチックの海洋汚染問題は、サッカー場など大規模施設で問題化していますが、テニスコートについても同様です。流出防止のフィルター設備なども開発が進んでいますが、より積極的な取組として、クレイなど天然素材によるテニスコート建設への回帰について様々な問題を解決し選択肢の一つとすることが、これからの大きな課題といえます。

目　次

第2章　維持管理

第3章　改修・修繕

第4章　照明設備

第5章　TENNIS PLAY & STAY

第6章　インドアコート

   1.1　計画方法と概要

   1.2　設計の委託

   1.3　インドアコートの建設方式

   1.4　室内コンディション

   1.5　設計計画のポイント

第7章　屋上施設

   1.1　計画方法と概要

   1.2　防球ネット

   1.3　床構造

第8章　ソフトテニス（軟式テニス）

   1.1　計画方法と概要

   1.2　硬式テニスコートとの違い

   1.3　国際化と国内事情

   1.4　コートに関するルール

第1章　新設計画

1 　土地利用と法規制

　「はじめに土地ありき」。地上に造られる一般的なテニスコートは、どのような場合でも最初に「利用できる土地」がなければなりません。

　テニスコート1面、およそ650㎡（約200坪）を目安に、想定する面数に応じた具体的な建設候補地を確保することが必要です。

　建設候補地が具体的でなければならない理由として、日本国内の土地においては、どのような法令であるかの違いはあっても、すべての土地が法令の関与を受けているからです。広い土地を利用するテニスコートの計画にあたっては、何よりもまず計画土地の関係する法令を確認することが最重要です。

　利用土地についての法令や申請の概要は、土地の所在と形状が分かる住宅地図などを使って土地の所在地を管轄する役所等に相談すれば、専門家でなくても説明を受けることができます。ただし、計画の推進に必要となる詳細な法令の確認や申請業務は専門性が高く、通常は認可を受けた設計事務所や測量事務所など専門業者に委託することになります。そうした場合において留意しなければならないことは、テニスコートという特殊な施設の計画を手掛けた事業者は、国内のいずれの地域においても極めて少なく、専門性の高い分野である点です。委託先の選定には十分な検討が必要です。

　基本的な調査や法令確認業務を工事施工の予定業者が行う場合も多くありますが、会社規模や工事実績だけで適正の判断は難しいところです。委託先業者の選定を誤ることによって、計画に多くの期間と多額の費用が発生した事例は数多くあり、場合によっては計画のとん挫や委託者との係争になることもあります。

　委託先の選定にあたっては、委託先候補の実務担当者と面談し、テニスコートについての知識はもとより、関連法令、申請手続等についての知識、経験を評価・検討して委託先を選定します。

　類似な計画を実践し経験した発注者や同業者からの評価や紹介は有効な選定手段となります。また、土地利用については地域における特殊性もあり、地域の法令や行政手続に精通した設計事務所や測量事務所と経験豊富なテニスコート専門会社との連携業務による計画の推進は最も良い方法の一つです。

2 利用目的や利用方法

　テニスコートの計画を最もよく実現するためには、計画のはじめに基本的な要素として、計画するテニスコートの主たる利用者や利用目的を整理し識別する必要があります。識別には、利用者の年齢層や技術レベル、観客やTV放送の有無・クラブ運営やスクール利用・公共での利用などがあります。こうした要素の中で現在、観客を動員し競技をTV放送可能とするテニスコートは、国内では数か所にとどまり、特別な公共のテニスコートがほとんどです。そこで本書の内容は、民営のテニスクラブや貸し出しを前提にした公共のコート、スクール事業に使用するテニスコートなどを想定し記述しています。こうしたテニスコートは、他の発展的なテニスコート計画の基本ともなり、多くの点で様々なテニスコートの参考として利用が可能です。

3 広さと基本要件

3.1 テニスコートに求められる広さ（面積）

　テニスコートのルールブックに明確に示されている広さに関する記述は「コートライン寸法」のみで、ラインからフェンスまでのプレイ範囲については参考的な表記となっています。したがってテニスコート全体の広さは、ライン寸法を基に全体の広さを検討することになります。これまで、テニスコートの利用方法は様々であるにもかかわらず、画一的な広さが最小の必要面積のように扱われる例が多くありました。利用方法などを考慮した広さの検討は、土地価格が高額な日本にあって計画実現の可能性を広げ、建設を容易にしてテニスコートの普及に貢献できます。

3.2　利用目的別テニスコートの広さ

▽基本のテニスコート寸法

　本格的な競技を前提としたITF（国際テニス連盟）やASBA（アメリカスポーツビルダー協会）などで推奨された広さは、必要で十分な広さがありどのような利用方法にも適合します。計画のはじめはこの寸法を基に検討します。国際競技も可能な最小寸法としていますが、大規模な大会においてはカッコに示す寸法が推奨されています。

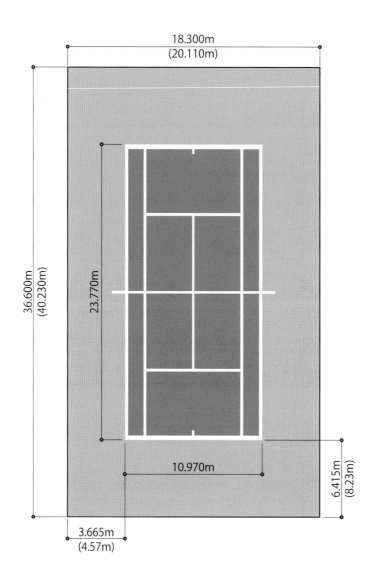

▽一般プレイヤー・レクリエーションプレイヤー利用のテニスコート寸法（第一代替案）

　基本コート寸法に予定地の広さが不足した場合、一段階目に検討する寸法です。

グループレッスンのテニスコートとしても利用可能です。

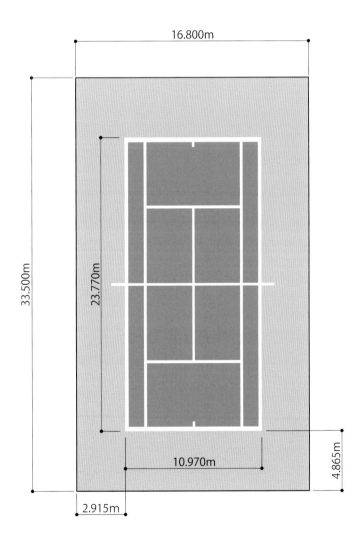

▽福利厚生施設や個人宅でのテニスコート寸法（第二代替案）

個人邸や限られた予定地の中に造られる最小寸法です。

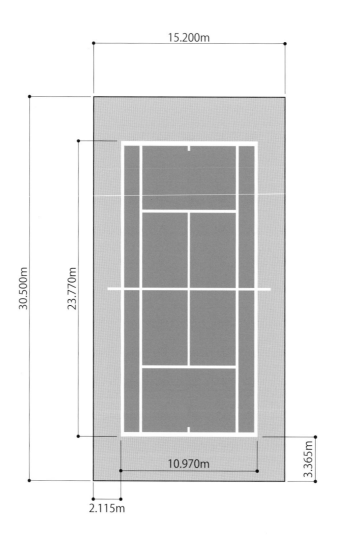

設計や位置決めの手順

コートの広さや現場での位置決めをラインからとする傾向がありますが、現場ではラインの位置決めは最終工程になります。ラインにこだわらず外周寸法を基準としての配置計画や現場での位置決めを行うと作業が容易になります。

▽ 大規模な大会でのテニスコート周辺参考寸法 　（単位 m）

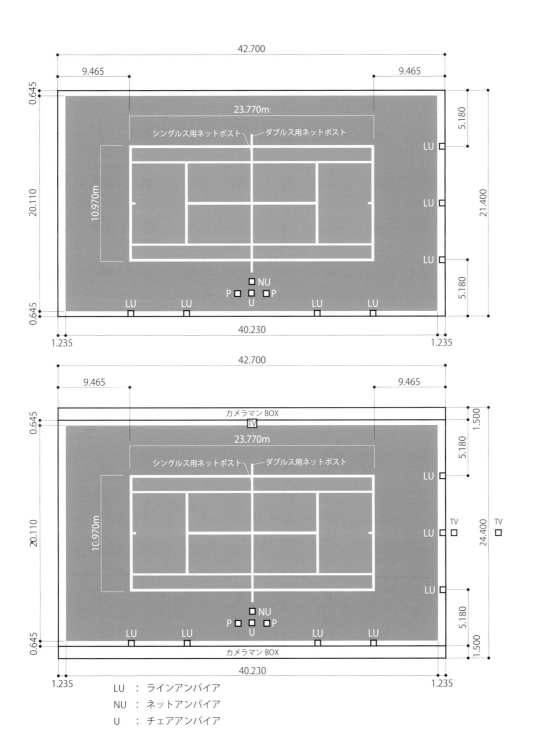

LU　：　ラインアンパイア
NU　：　ネットアンパイア
U　 ：　チェアアンパイア

3.3 テニスコートの複数配置

　国内のテニスコートは、フェンスで仕切られた一つの区画に複数面のテニスコートを配置する形状が多く用いられてきました。土地の有効利用には効果的で、目的に合わせれば一面だけの区画から複数面まで、区画を組み合わせることで使い勝手の良い施設となります。また、海外では観客を想定した施設が標準的ですが、国内の施設ではほとんどの場合抜け落ちてしまいます。テニスだけに関わらず、多くのスポーツがより身近に深い文化として定着するためには、観戦というスポーツ参加が不可欠であり、参加を容易にする観覧スタンドのような施設・設備の普及は、これからのテニスコートにおいて必須の課題です。

　テニスコートの複数配置は、基本寸法を隣り合わせて各コートライン間の寸法を定めます。最も一般的で最小の寸法はコートライン間3.66ｍとなります。コートライン間に簡単な仕切りネットを設ける場合は5.6ｍが最小寸法として推奨されます。

配置例１）最も一般的な２面の配置

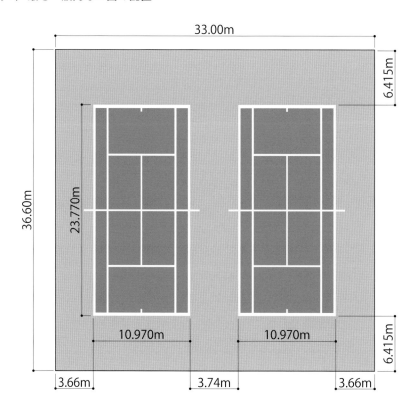

配置例２）最も一般的な３面の配置

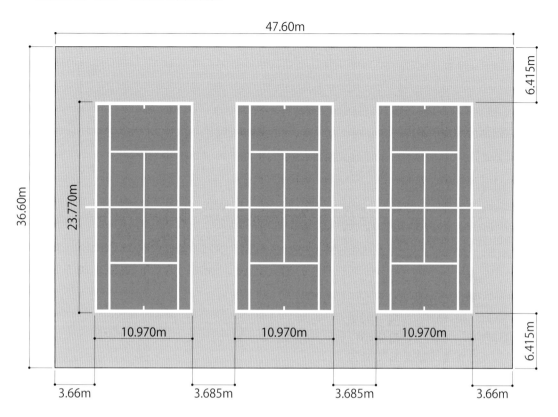

47.60m

6.415m

36.60m

23.770m

10.970m   10.970m   10.970m

6.415m

3.66m   3.685m   3.685m   3.66m

配置例3）コート間に仕切りを設けた配置（最小コート間寸法）

※仕切りネットは開放可能な構造を推奨します。

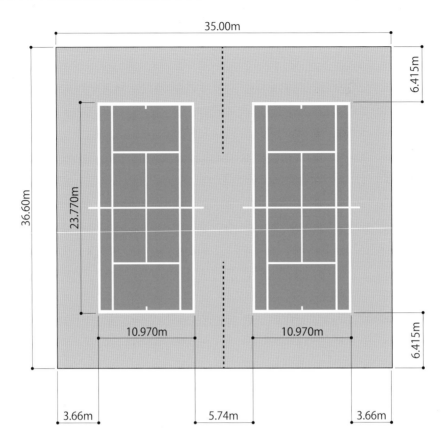

複数配置での重要な注意点

多数のコートを配置する場合、隣接するコートのベースライン後方が隣接するコートと共有するケースが生じます。ベースライン方向のコート間には植栽などを設け、視線を遮断することが基本で理想的ですが、管理上や敷地の問題などで遮断ができない場合、必ずコートスクリーン（目隠しネット）をネットフェンスに取り付ける必要があります。どのような配置にあっても、隣り合わせたコートのそれぞれのプレイヤーがプレイ中に重なり合うように見えてはいけません。複数配置で最も留意しなければならない条件の一つです。

3.4　テニスコートと方位の関係

　計画地に合わせてテニスコートをレイアウトする場合、基本となるのがテニスコートと方位の関係です。理由は、朝方と夕方に太陽が地平に近づくことで陽の光がプレイヤーの視界に入り、眩しさが生じてプレイが困難になるためです。最も影響が少ないコートの方角は、計画地の緯度によって求めることができます。国際試合などを開催するコートでは、詳細な計画が必須です。ただし国内の土地事情を考慮すれば、理想的な方角にレイアウトできるケースはまれです。

　計画地の制約の中にあっても、できる限りプレイヤーが東西に向き合わないよう配置することが求められます。コート長辺方向が真西を向くコートは多くの場合、夕方のプレイができないほど影響を受けます。緯度から導かれた最適な方位を示しますが、経験的には3倍ほど方位が傾いても一般的な利用は可能です。

▽コート方位の目安

　　　　　　　　　　東北北海道　　　　　α = 14度〜15度
　　　　　　　　　　本州・四国・九州　　α = 11度〜14度
　　　　　　　　　　沖縄　　　　　　　　α = 　9度〜11度

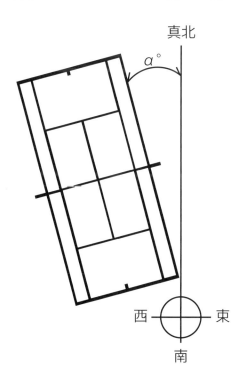

3.5　テニスコート面の勾配

　テニスコートがより多く利用されるためには、雨が止んだ後、速やかにコート面が乾くことが求められます。そのためコート面は、プレイに影響しない範囲で排水のための勾配（傾き）が必要となります。ITFの指針では、一面のコート内に勾配の頂点を設けず、コート面は一枚の平面とする推奨事項があります。この指針による傾きの形状について国内コートの多くは今も順守されていません。その理由は、テニスプレイヤーの爆発的増加や民営テニスクラブ建設ブームが社会現象にまでなり、国内のテニスコートが大量に造られた1980年の後に国際的指針が明確になり、広く周知されたからです。

　国際的な指針が周知されるまで、国内のコート面はセンターネットを勾配の頂点として、ベースライン方向へ高さを下げていく勾配を標準としていました。こうしたコートの多くは自然産出の土を主原料とするクレイコートでしたが、クレイコートのコンディション維持のためには排水が大変重要です。排水性を重視し勾配を大きく取ると、コート面を流れる水の勢いでコート面が削られ、コート面に筋溝ができてしまいます。そこで、水の流れがコート面に影響しない勾配を確保するには、できるだけ緩やかに短い距離でコート外へ排水する形状が有効となり、結果として、センターネットからベースライン方向へ雨水を流す傾きのコート面が標準として造られました。このようなクレイコートは、0.3〜0.35％のたいへん緩やかな勾配で造られていて、極めて繊細な作業はクレイコートの専門職人によるものでした。

　コート面の中央からコート外へ向かって排水する計画は、周辺排水溝の高さ設定も容易で、コートをはじめ校庭などの運動場においても周辺排水溝は、ほぼ水平に据え付けることが運動施設排水計画の基本となっていました。コート面は一平面とすることが広く周知された後にも、利用率向上を目的として砂入り人工芝やアスファルト舗装を下地としたコート面への改修や新設が増加しましたが、こうした計画の際に従来の排水設備を再利用する必要があったことや周辺との高さ調整が容易ではなかったことなどを理由に、従来通りの勾配を維持したコート面が造り続けられました。

　近年、新設や改修されるコートの多くは、国際的な指針として推奨される一平面によるコートとして造られるようになっています。

▽ 勾配のとりかた

優先順位1	優先順位2	優先順位3
・短辺方向に傾斜	・長辺方向に傾斜	・対角線方向に傾斜

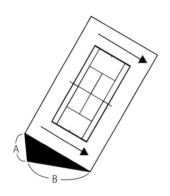 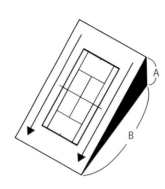 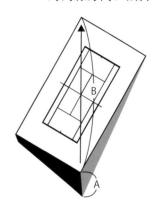

▽ 勾配の数値

　勾配についてITFの推奨値は以下のようになっています。コート面の違いによって数値は異なっていますが、国内における実施例ではクレイコート≒0.35％、砂入り人工芝≒0.6％、その他のコート0.5％などの採用が多くみられます。これからのコート計画については、国内の施工方法や降雨の多さなど考慮した場合、全天候コートが70％以上のアメリカ国内において推奨基準となっている0.83％以上1.0％未満と傾斜を強くとったコートの採用も検討が必要になっています。

ITFの推奨値

表面の種類	アクリル ウレタン	砂入り人工芝 人工クレイ	アスファルト コンクリート	クレイ	天然芝
最大勾配 A/B	1.0％	0.83％		0.5％	

　プレイの快適さからは可能な限り緩やかな勾配が望まれます。ただしコート面の勾配は土地の造成計画に大きく影響を与え、結果的に工事費用の増額なども生じるので、慎重で合理的な計画が必要です。国内における実施勾配の推奨値は以下の通りです。

国内コートの推奨値

表面の種類	アクリル		砂入り人工芝		カーペット		クレイ
下地の種類 設置場所	屋外	室内	透水	非透水	屋外	室内	砕石他
推奨勾配 A/B	0.5% 〜 0.8%	0.3% 〜 0.6%	0.3% 〜 0.8%	0.6% 〜 0.8%	0.8% 〜 1.0%	0% 〜 0.6%	0.3% 〜 0.5%

3.6　基本の要件と留意点

　これまで述べてきた要件を満たして広さが確保できる土地にあっても、計画にあたっては土地の素性を確認する必要があります。技術的に素性の改善が可能である場合も多くありますが、状態によっては工事費用の増大などに大きく影響します。

▽平坦または平坦に造成できること

　テニスコートは数多い球技の中でも平坦性を最も強く要求されます。本来の平地であることは望まれますが、傾斜地の造成などでは安定した平地を造成できることが必要です。

▽平坦を維持できる安定性

　コート面における平坦性は、良質なテニスコートとして最も重要な要素の一つです。完成後において地盤沈下や不等沈下などが発生しない土地であること、また造成などによった場合も同様に安定的な改良が加えられていることが求められます。

▽水没などの危険がないこと

　谷間や窪地、水位が高く軟弱な土地、氾濫の恐れのある河川の近くなど浸水によって水没や沈下するような場所は、必要な対策を講じなければなりません。河川敷などのコートは平坦で安価な土地として利用されますが、数年に一度の浸水を考慮しなければなりません。浸水の度に生じる復旧費用は高額となる場合があります。

▽日照や風通しが確保できること

　リゾート施設などにみられる林間の施設は、日照不足と湿気によるコケやカビの発生が顕著で、維持管理は大変困難なものとなりがちです。可能な限り日照と乾燥が確保できる環境であることが望まれます。

テニス競技では、コート面の素材が一つではないことが大きな特徴となっています。ウィンブルドンの天然芝をはじめ、グランドスラムで採用されているクレイやハードなど表面素材の違いは、高度な競技においては勝敗にも大きく影響し、そのことは観戦としてのテニスを一層面白くしています。

近年、多くのスポーツが様々な競技面の変化を遂げています。主な原因として、降雨によって使用できない時間の効率的な改善、天然芝やクレイにみられる生育や維持管理の難題の改善、競技面の均質化による競技や計測の平等性確保などがあります。

このような改善は、施設の効率的な利用につながり、経済的に費用対効果の高い施設となる面も大きな要素です。

一年を通して100日以上雨の降る日本において、雨天への対策は重要です。国民体育大会（2024年より国民スポーツ大会に改称）やインターハイ・インターカレッジのような全国規模の大会では、大会日程消化の観点から、降雨対応の高い素材がより優先的に検討されることがあります。ただし高度なレベルの競技を開催する大会施設においては、必ずしも降雨対策を優先するのは適切ではありません。コート面の選定にあたっては、いずれの場合も利用目的や利用者の状況に応じたコート面の最適化を考慮する必要があります。近年の高齢化による高齢プレイヤーの増加やレクリエーションプレイヤーについて配慮されたコート面も必要になります。

4.1 国際的なコート面の分類

世界中でプレイされているテニスコートの様々な分野について、国際規格としての明確化や定量化を行う作業は、ITFを中心に世界中のテニスプレイヤー、素材メーカー、施工業者、備品メーカーなどの協力によって行われています。

こうした国際規格の捉え方が国内においては長い間、大きな要素となっていませんでした。運動場に張ったネットとゴムボールでプレイする日本独自の軟式テニスの普及やスポーツを体育向上と捉えた、国内の文化的な歴史なども影響したと考えられます。近年には国際的に活躍するテニスプレイヤーの登場で、TVや様々なメディアによって世界中のテニス競技やテニスコートを容易に観ることができるようになり、国内におけるテニスの国際化が注目され、変化が起こりました。現在、競技者をはじめ競技の育成者やテニスコートの計画者にとって、国際的な視野に立つことは不可欠と

なっています。ただしテニスに限らず多くの競技に共通する、国をはじめ様々な地域や文化、歴史の違いによる特性があります。国際的視野と地域などによる個別の特性をより良く取り入れる工夫は、テニスに限らず多くのスポーツの発展に必要な条件となります。

▽コート面の分類についてITFでは下表のように分類しています。

コード	種類	備考
A	アクリル ポリウレタン	樹脂を含む塗料・多色・微小なざらつき 通常アスコン・コンクリート基盤の上面に層を形成し 数ミリの厚さで塗布された表面
B	人工クレイ	天然土・加工土・ゴム粒子などで覆われている表面
C	人工芝	天然芝に似せた人工芝をカーペットのように使用する物と 人工芝に珪砂を充填した表面を持つ異なる二種がある
D	アスファルト	アスコン面を仕上がり面としている表面
E	カーペット	工場生産されたロール又はシートで供給される繊維や 合成樹脂（ウレタン・塩ビ他）表面
F	クレイ	天然由来の純粋な土・鉱物の表面
G	コンクリート	セメントコンクリートの仕上がり表面
H	芝	種から育った天然芝
I	ハイブリッドクレイ	カーペット上を天然由来の鉱物で覆う表面
J	その他	A〜I以外のタイル・木材・繊維

　この分類は、申請者の意図する製品イメージも反映されていて、厳密な分類ではないと思える個所も多くあります。人工クレイの分類中にある製品であっても、構造形状が人工芝と同様の物が含まれるなどはそうした分類の一例です。また、国内では分類の名称としてなじみ深い砂入り人工芝の分類が、人工芝という大きなくくりで分類されていることなど国内での一般的な表現とは違いがあります。

4.2 分類されたコートの特徴

A：アクリル

優位点	①均一で平滑な精度の高いコート面 ②水溶性で施工性に優れている ③完成時発色が鮮やかで美しい ④混入材の使用で様々なコート特性を作れる ⑤紫外線耐候性に優れている ⑥比較的に安価 ⑦水はけがよく雨後の使用が早い ⑧維持管理・改修が容易
劣位点	❶表面が固くシューズのスライドが難しい ❷基盤の変形ひび割れに敏感に追従する ❸日照により表面温度が高温になる

　アスファルトコンクリートまたはコンクリート、木材等で造られた基盤に液体状のアクリル樹脂や酢ビまたはそれらに類似の樹脂を塗布し造られています。現在ハードコートと呼ばれるコートの多くがアクリル樹脂を主原料としています。

A：ポリウレタン

優位点	①弾力がある ②屋上利用などで防水層を兼ねることができる ③セルフレベリングなど平滑施工が容易 ④耐候性に優れる
劣位点	❶特殊表面塗装が必要 ❷表面塗装が摩耗すると極端に滑る ❸ブリスタリングの多発

　ポリウレタンのコートが日本国内で造られたのは1980年頃です。素材の持つ完成時の柔らかさが適切と考え、数種類の製品が発売されました。多くはウレタン防水材料を使用していて脱気設備が不可欠でしたが、コート面への設置には制限があり、基盤面に発生した水蒸気を放出する脱気設備の不足によって、ブリスタリングと呼ばれる膨れ現象が多発しました。現在、日本ではアクリルに比べ高価であることも一因となってほとんど造られていません。

B：人工クレイ

優位点	①シューズの容易なスライド ②雨上がりの迅速な利用 ③天然クレイに近いプレイ感 ④外観が自然で美的
劣位点	❶ラインが見えにくい ❷ボールバウンドの減衰 ❸見えない凸凹 ❹競技技術の発揮が困難 ❺耐久的だが改修工事が大規模 ❻改修時の廃棄材料の環境問題

　表面が砂やゴム粒、自然土等で覆われたコート。国内で多くみられるポリプロピレン製などの人工芝に粒度調整した珪砂を充填した砂入り人工芝と同様のものと、カーペット織物に微粒骨材、着色珪砂、ゴム粒などを充填したものがあります。国内では人工クレイの名称が一般的でないことから、人工芝の分類に含まれ周知されています。

C：人工芝

充填材有（サンドフィル）

優位点	①シューズの容易なスライド ②雨上がり使用が迅速 ③基盤の変形に影響されにくい ④維持管理が容易 ⑤安価
劣位点	❶不均一な表面でのスリップ ❷耐久的でない ❸周辺への砂塵 ❹ラインが見えにくい ❺美的でない ❻改修時の廃棄材料の環境問題

　国内で最も普及したコート面。雨上がり直後の使用が可能なことで、国体の運営などに好都合であることから全国的に多数採用されています。

充填材無（ノンサンド）

優位点	①均一で美しい ②基盤の変形に影響されにくい
劣位点	❶高価 ❷耐久的でない ❸湿潤表面が滑りやすい ❹表面が乾きにくい

　国内での分類を前提にするとわかりにくい分類です。天然芝を模して似せた人工芝を主材料としたコート面。砂入り人工芝は開発当初、緑色の人工芝が表面に突き出た外観形状で天然芝生のように造られました。しかし、日本国内では砂の充填量が人工芝の摩耗寿命に影響することを理由に珪砂でコート全体を覆い、天然芝とは意匠的に全く異なるコートになっている場合がほとんどです。日本国内の砂入り人工芝は人工芝に分類されています。

D：アスファルト

　国内においてアスファルト舗装面で仕上げられたコートは、駐車場にラインを描いたものなどが考えられますが、コートとして造られることはないことから説明は省略します。

E：カーペット

優位点	①下地の変形に追従しないので建物コンクリート床に最適 ②繊維の発色によって多色が可能で室内で映える ③耐久的 ④カーペット独特の柔軟性 ⑤適度なシューズスライド
劣位点	❶改修時の施工性の悪さ ❷高価 ❸摩耗繊維の飛散

　室内コート、特にテニススクールでの利用が多く、カーペットコートは常設されるものとイベントなどの仮設に用いられるものがあります。1980年代に衰退したボウリング場施設を改修し、再利用するテニススクールが国内各地で開業しました。既存

ボウリング場のコンクリート床面はひび割れや凸凹が数多くあり、コートへの改修には全面を覆い隠す利便性によって、カーペットやカーペット形状の専用人工芝が用いられました。室内テニススクールの授業形態は、多人数で過密なコートの使用を必要としましたが、ほとんどのコート材料は耐久性がぜい弱で問題がありました。そうした中で、国内の紡績会社がデュポン製ナイロン糸を使用したテニスコート専用のカーペットを開発・販売しました。類似製品と比べ圧倒的な耐久性によって多くのテニススクール施設で採用され、室内コートの定番となりました。開発紡績会社は、テニススクール専用としての市場には高耐久も影響し限りがあることなどから、30年以上続いた生産を終了し、現在はノウハウを継承した他メーカーによる生産が行われています。

F：クレイ

優位点	①足腰に負担の少ないプレイ感 ②低価格 ③温度上昇が低い ④シューズスライドが容易
劣位点	❶維持管理が困難 ❷雨後の使用に時間がかかる ❸周辺への砂埃 ❹夏季に大量の散水が必須

　世界的視野に立つとクレイは、フレンチオープンに代表され、ヨーロッパや南アメリカに数多いアンツーカとアメリカを中心に長い歴史と実績を持つハーツルになります。国内では、関東圏の荒木田土を用いたクレイと関西圏の真砂土を用いたコートとなり、ITFでの分類にはほとんど該当しません。ハーツルを模した緑成岩を利用したコートもありましたが、現在多くはみられません。長い歴史を持つ国産クレイコートの使用感は多くのプレイヤーに高い評価を受けており、クレイコートでのプレイ経験があるプレイヤーからは懐かしむ声も多く聞かれます。しかしながら、アスファルト舗装を利用した全天候型のコートの出現に加え、砂入り人工芝の低価格化によって、クレイによる新設は極端に減少し、コンディションの良いクレイコートは関西圏の中学・高等学校施設や全国数か所のテニスクラブに残るなど希少になっています。

造らなくなった理由は、最適なタイミングでのローラー転圧や散水など日常の維持管理が難しいことや、雨上がりの使用が迅速でないことによります。特に荒木田土は、クレイでありながら初期の降雨を表面で排水する性質などが作用して、雨上がり後長時間使用できません。比較的水がはける真砂土は、校庭材料として現在も使われています。

G：コンクリート

　アスファルト合材の供給がない離島などでコンクリート舗装を下地とする場合がありますが、国内では何らかの塗装を施すため該当するコートはありません。まれに屋上などのコンクリート床面利用のコートがありますが、極めて特殊なことから省略します。

H：芝

　ローンコートとしてヨーロッパを中心に天然の芝生を利用したコートです。ウィンブルドンコートに代表され、TV中継などでなじみ深いコートです。国内では、九州の佐賀県に唯一天然芝コートを有する民営テニスクラブがあります。日本の気象条件と使用頻度では天然芝のコンディション維持が極めて困難で、国内での普及はありませんでした。

I：ハイブリッドクレイ

優位点	①自然なクレイと同様の性能 ②雨上がりのスピーディな利用 ③下地の変化に追従しない
劣位点	❶高価 ❷微小な粉塵 ❸工事が大規模 ❹製品ごとに異なる特性や専用の使用材料

　主にヨーロッパで開発された合成繊維カーペットに自然産出の微小砕石やアンツーカ微粒、コーティングされた珪砂などを充填したコート。カーペットの代わりにゴムチップウレタンベースの構造を持つものもあります。国際的な大会での使用もあり、クレイが主流のヨーロッパでは室内に臨時コートとして設営するなどの利用方法もあります。

4.3　日本国内での分類

　国際的な分類とは別に、国内の歴史的背景や気象条件を踏まえてテニスコート計画に必要な分類を実用的に整理分類すると、次表のようになります。現在、日本国内のテニスコートのほとんどで「砂入り人工芝」「ハードコート」「クレイコート」「カーペットコート」の4種類が使用されています。一部の大規模施設でITFの分類上、人工クレイに該当する製品もあります。

▽国内での一般的な分類

記号	種類	外観	下地	備考
A	アクリル	樹脂を含む塗料で着色された外観・多色・微小なざらつき下地上に数ミリの厚さで形成	アスコン コンクリート	珪砂・ゴム粒 混入、塗布 多色
B	ゴムチップ	ゴム粒をウレタン樹脂で成型 8〜10mm厚で柔らかい	アスコン コンクリート	透水と非透水がありマルチに多種のスポーツに対応
C	砂入り人工芝	珪砂に覆われた人工芝 標準厚 19mm	透水アスコン コンクリート	廉価で工期最短
D	人工芝	均一で鮮やかなカラー 8〜12mm厚がテニス対応	コンクリート アスコン	テニス用は特殊形状 高密度、高耐久素材
E	カーペット	ナイロン繊維で作られた絨毯 多色6〜9mm厚	アスコン コンクリート フローリング	インドアコートに使用
F	クレイ	荒木田・真砂土で造られる 表面には砂と苦汁を散布	砕石 中間土	緑成岩・ダスト 粒度調整砕石 でも造られる

　アクリルコートは、通常クッションコートも含めてハードコートとして衆知されています。酢酸ビニールはアクリルと同等、ポリウレタンは現在ほとんど使われないので省略します。

4.4　コート面の変遷とこれから

　明治時代、諸外国の外交官などによって日本にテニスが持ち込まれ、以来コート面の変化は幾度となく大きな転換を経て現在に至っています。最も初期に外交官夫人などが日本の羽子板遊びに似た感覚で楽しんだテニスコートは、庭の芝生、雑草地だったと考えられます。その後、日本の芝生は冬に枯れることもあり、間もなく天然採掘の適正な性質をもった天然土が多く用いられました。長崎のグラバー邸園内には、土を均したと思われる石造りのローラーがあり、土を均してコート面を造ることが初期に始まっていたことが推察されます。

　こうして始まった国内のコート面に大きな変化が起きるきっかけとなったのは、世界四大テニス大会のひとつ・グランドスラムとして知られる、USオープンテニス大会が1978年、ニューヨーク・フラッシングメドウに新設されたテニスセンターに移り、コート面にハードコートが採用されたことでした。この革新的なハードコートは、アスファルト舗装面に特殊な構造のアクリル塗料を塗布したコートで、数十種類のハードコートの中から多くのプロテニスプレイヤーの推薦によって選定されました。

　USオープンテニス大会は、ニューヨーク・フラッシングメドウで開催される以前は同じニューヨーク郊外の街・フォレストヒルにある、ウェストサイドテニスクラブで開催されていました。コート面は天然芝で始まりましたが、後に数年間はクレイが使われました。ウェストサイドテニスクラブは、会員制のテニスクラブとして今も継承され賑わっています。クラブには廃墟化したスタンドが今も残り、当時をしのばせています。クラブハウス前の天然芝コートは、センターネットが張られていない場合、その景観は広い芝生地に見えます。これは天然芝のコートとして有名なウィンブルドンテニスクラブでも採用されている手法で、センターネットの位置や向きを固定化することなく、コートの向きを時々変えてラインを描き、プレイ個所の移動を可能にして芝生へのダメージの軽減を図っているものです。

USオープンテニス大会で数年間使われたクレイコートは、ハーツルという商品名で微小な数種類の天然石をブレンドしたコート面です。ハーツルコートはプレイヤーの評価が高く、多くの支持者があり、アメリカ国内を中心に現在も大量の面数を有しています。夏に大量の散水が必要なことから日本国内では普及していません。

　USオープンテニス大会でハードコートが採用されたころ、日本国内のコート面は、東日本の荒木田土を材料としたクレイコートと西日本の真砂土を材料としたクレイコートが大部分でした。都市圏のテニスクラブ建設が1980年頃一大ブームとなる中で採用されたコート面は、ハードコートとクレイコートの組み合わせによるコート配置でした。主な理由は建設費用の違いです、ハードコートが注目される中にあって、ハードコートの建設費はクレイコートのおよそ2～3倍と高額であったことや、中学校の体育のクラブ活動でテニスがダストという微粒な砕石を敷き詰めた校庭をコート面として利用していたことから、天然石や天然土によるコート面が抵抗なく受け入れられたことも一因だと思われます。

　クレイコートの素材料として荒木田土や真砂土の固く変形せずに平らな仕上がり面を保つ性質は、コート面に求められる性質によく合致しています。いずれも古くから建築材料として使われていた材料で、今日では目にする機会も少なくなった古民家などでみられる、玄関付近の室内にある土間と呼ばれる床面に使われていました。天然土の持つ性質は、平滑な面を造形することが容易であるだけでなく、降雨などによって変形しにくく平滑面を容易に維持できることが挙げられます。その結果、テニスコートや学校の運動場などにも大量に使用されています。余談ですが両国国技館の大相撲土俵は茨城県産出の荒木田土が使われています。

　クレイコートの欠点は、雨上がり後の使用が長時間できないことです。維持管理についても多くの手間が必要です。雨上がり後に適度な水分を含んだ状態を見極めて適切なタイミングでローラ～転圧作業を行い、平滑性を維持することが必要です。また、夏季に生じる表面の乾燥ひび割れを抑制するために大量の散水が必要です、そうした作業は、施設の管理者にとって大きな負担でした。

　テニスが人気のスポーツとなり、テニスを楽しむプレイヤーが増えると民間テニスクラブも公共の施設も、より多くの日数使用できるテニス施設とする必要が生じました。そこで、雨の影響がクレイに比較して少ないアスファルト舗装を基礎とした全天候コートが急速に増えていきました。

　道路舗装会社を中心に多くの全天候型と呼ばれるコート面が出現し、アスファルト

舗装の上面に様々な化学素材がコーティングされ、製品化されました。素材として先行していたアメリカ製品が性能的に優れていましたが、日本独自の製品も開発され現在も建設価格の専門誌などには数十種類が掲載されています。ただしこうした時期に開発・販売された多数のアクリルやゴムチップ、ウレタン素材によるコートは間もなく、砂入り人工芝の登場によって、ほとんど造られることがなくなりました。

1983年、オムニコートの商品名で発売された砂入り人工芝という全く新しい構造のコートは、それまでの全天候コートの表面がクレイに比べ固いことや、柔らかく作られたコートであっても、クレイコートのように足元を容易に滑らせることができないことで生じる疲労感への不満を大幅に改善しました。また、クレイコートに親しんだプレイヤーにとって、天然素材の珪砂が表面にある砂入り人工芝は親しみやすく、好感が持たれました。砂入り人工芝も他の全天候コートと同じくアスファルト舗装を土台としますが、雨あがりの使用は短時間で可能であるばかりか、推奨はされませんが雨中でもプレイが可能なことから国民体育大会の競技運営に大いに役立ったため、全国的に爆発的に採用されることになりました。

発売当初は特許製品ということもあり高額でしたが、発売から3年ほど経過し特許の制約が解かれると、多くの化学製品メーカーが同種の製品を販売し、一挙に価格が下落したことも採用に大きく貢献しました。時を同じくして1980年前後に建設された全天候コートの多くに、経年や安易な施工によるひび割れや沈下、表面劣化などが生じ、改修の必要性が高まりました。改修、修繕方法として、砂入り人工芝はアスファルト面を残したまま既存コートの上面に覆いかぶせるだけの容易な改修方法ができることから、公共のテニスコートで大量に採用されることとなりました。

現在、日本国内では砂入り人工芝を好むプレイヤーが多く、公共施設や民間テニスクラブでも日本のテニスコートの標準となっています。砂入り人工芝の商品開発化は海外で始まり、日本国内で独特な発展を遂げました。しかし海外における砂入り人工芝の評価は、日本国内とは全く異なります。

最も早く砂入り人工芝を採用した国の一つであるオーストラリアでは、少年期に砂入り人工芝でトレーニングを繰り返した世代が、その後オーストラリア全体のテニス競技レベルを極端に低下させる原因となったことから、テニス競技の向上に砂入り人工芝のコートは不向きであるとの評価が大勢となり、採用は極端に減りました。

天然芝ともハードコートやクレイコートとも異なる砂入り人工芝の独特な性能や特性は、国際的に特別の存在となり、ITFが公認するテニス大会での使用について日本

国内はもとより国際的にも、一部の特例を除いて認められなくなりました。

　現在、グランドスラムで採用されているコートには、英国の天然芝、フランスのクレイ、アメリカとオーストラリアのハードコートがあります。日本国内では、天然芝のコートは高温多湿で降雨量の多い気象条件によって、維持管理が極めて困難です。またレッドクレイなどとも呼ばれるアンツーカクレイも、同様の気象条件に加えて冬季の霜によって年間を通しての使用や維持管理が困難で、使用率が極めて低いために日本国内での採用は困難です。日本では、狭い平地や高額な土地に造られるテニスコートは貴重な施設であり、年に百日以上雨が降る気象条件の中、より多くの時間利用できる効率的なテニスコートが必要となります。こうした要求に対して、砂入り人工芝の特性は極めて有効で十分に担うことが可能です。テニスクラブ・テニススクールなどの事業をはじめ、公共施設のように様々なプレイヤーが健康増進やレジャー・コミュニティの場として利用するテニスコートでは、砂入り人工芝はこれからも必要なコート面であり続けます。

　日本国内の固有な理由がある中、これからのコート面の選択には国際的な競技施設や質の高いテニス競技を目指す大学、高校のテニスコートや国際的なテニスへの取組を可能にするテニスコートとしてのハードコートと、健康増進や高齢化社会の運動施設コートとしての砂入り人工芝採用など、コートの利用目的を明確にしながらバランスよく適切に選択されることが必要で強く望まれます。

4.5　コートの種類別断面構造

▽アスファルト舗装

　全天候コートの多くはアスファルト舗装を下地としています。アスファルト舗装についての技術的詳細は、公益社団法人日本道路協会から出版されている「アスファルト舗装要綱」を基に様々な技術資料がありますが、内容は極めて専門的です。アスファルト舗装の計画や品質確保については、計画地やコート面の条件に適合する最適な仕様について、アスファルト舗装の専門工事会社とテニスコート工事の専門施工会社の知識経験を取り入れた計画とすることが基本です。

　ここに示す断面は、代表的な標準仕様の参考としています。

　近年、透水アスコンの普及や建設コスト削減により、テニスコートに求められる平滑性の精度が極端に低下しています。今後、需要が増すと思われるアクリル（ハード）コートの施工については、精度の高い平滑性を保ち、長期に渡って変形しない高品質のアスファルト舗装が求められます。品質の数量的確認はもちろんですが、テニスコート舗装の現場における監理者や技術職員のコート舗装経験が、砂入り人工芝など透水アスコンでのテニスコート舗装経験しか持たない場合、精度について極めて低い意識による施工になりがちです。大手道路施工会社や道路舗装を日常業務としている施工者にあっても、テニスコート舗装の経験機会は少なく、施工にあたってはテニスコート専門会社などの経験豊富な技術者の意向を十分に伝えて、精度を確保する必要があります。

▽アスファルト舗装の施工における留意点

①鉄鋼スラグの使用禁止	：慣用的に鉱さいと呼ばれる鉄鋼スラグは使用禁止
②基盤砕石の品質	：再生砕石を使用した場合の不純物混入に注意
③再生アスコンの不使用	：アスコン面への塗布を行う場合、原則再生アスコンの使用禁止
④細粒アスコンの不使用	：平滑性を求めて細粒アスコンを使用しない 酷暑では容易に変形が生じます
⑤舗装レーンの設定	：舗装レーンの設定は可能な限り水勾配と平行に施工します
⑥コールドジョイントの防止	：施工後のクラックや陥没の原因となります
⑦転圧不足	：主にジョイント部分における転圧不足に注意

▽アスファルト舗装仕上げ面のポイント

①適切な勾配	：水はけのための傾斜（P12,P13,P38参照）
②一平面であること	：コート面全体の平坦度（P41参照）
③均等で平滑であること	：コート内の大小の凸凹（P39参照）

▽種類別断面図

> アクリル（ハード）コート ①

基本となる構造で精度の高い平滑性を得ることができる。

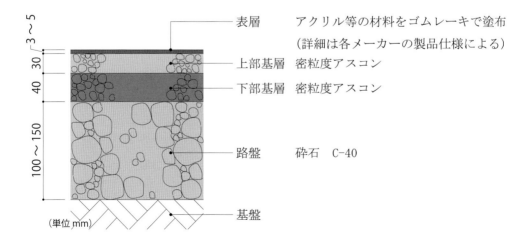

表層	アクリル等の材料をゴムレーキで塗布 （詳細は各メーカーの製品仕様による）
上部基層	密粒度アスコン
下部基層	密粒度アスコン
路盤	砕石　C-40
基盤	

（単位 mm）

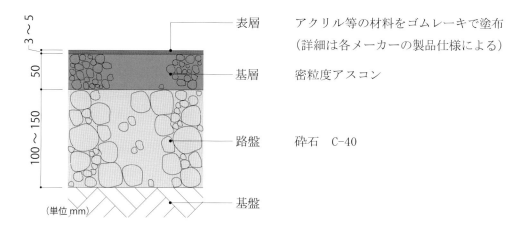

アクリル（ハード）コート ②

主にレクリエーションコートや多目的コートに経済性重視。

表層	アクリル等の材料をゴムレーキで塗布（詳細は各メーカーの製品仕様による）
基層	密粒度アスコン
路盤	砕石　C-40
基盤	

（単位 mm）

3～5
50
100～150

　現在多くのアクリルコートは表面勾配0.6%前後で造られています。これはクレイコートの勾配を継承したことによりますが、現在の舗装仕様、施工方法などを考慮すれば今後は表面勾配0.83%（1：120）の実施も検討することが望まれます。室内についても維持管理の面から必ず勾配を取ることを推奨します。

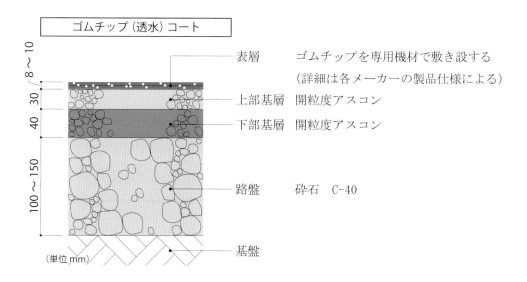

ゴムチップ（透水）コート

表層	ゴムチップを専用機材で敷き設する（詳細は各メーカーの製品仕様による）
上部基層	開粒度アスコン
下部基層	開粒度アスコン
路盤	砕石　C-40
基盤	

（単位 mm）

8～10
30
40
100～150

　透水性のコートにおいて理論的には水勾配を必要としませんが、雨量が一定の量に達すると雨水はコート表面を流れはじめます。雨後の乾燥速度にも貢献することから0.6%～0.8%の表面勾配が有効です。

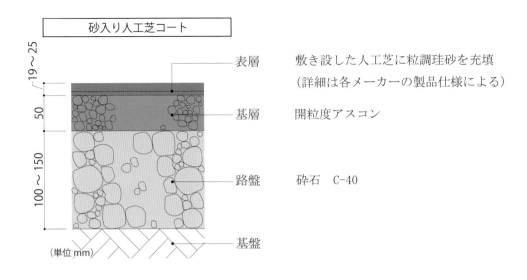

砂入り人工芝コート

表層	敷き設した人工芝に粒調珪砂を充填 （詳細は各メーカーの製品仕様による）
基層	開粒度アスコン
路盤	砕石　C-40
基盤	

（単位 mm）
19～25 / 50 / 100～150

　表面砂の外観からクレイコートに準じた表面水勾配として、0.5％が多く採用されています。推奨勾配は0.6％です。

人工芝・カーペットコート

主に屋内での使用からコンクリートスラブ面を下地とする。

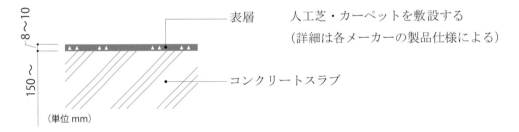

表層	人工芝・カーペットを敷設する （詳細は各メーカーの製品仕様による）
コンクリートスラブ	

（単位 mm）
8～10 / 150～

　建築物の床面をコートとする場合、水平でざらついたコンクリート面に敷設されます。留意点として敷き込み面の微細な突起やクラックによる小さな段差も表面に大きく現れます。施工前に入念な補修や清掃点検が大切です。

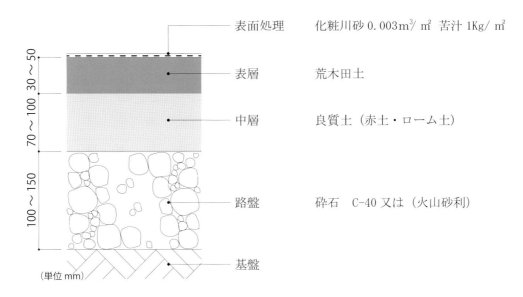

クレイ（荒木田土）コート

主に関東圏で天然産出する荒木田土（砂質粘土）で造られる。

表面処理　　　化粧川砂 0.003m³/ ㎡　苦汁 1Kg/ ㎡

表層　　　　　荒木田土

中層　　　　　良質土（赤土・ローム土）

路盤　　　　　砕石　C-40 又は（火山砂利）

基盤

（単位 mm）

　荒木田土コートは天然土であるにもかかわらず雨水は表面で排出されます。流水によって表面に生じる水の溝路による変形を防止するための排水勾配は0.3%〜0.5%とすることが必要です。

クレイ（真砂土）コート

主に中部以西で造られ天然産出の真砂土が使われる。

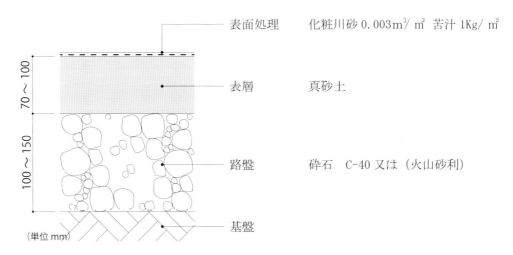

表面処理　　　化粧川砂 0.003m³/ ㎡　苦汁 1Kg/ ㎡

表層　　　　　真砂土

路盤　　　　　砕石　C-40 又は（火山砂利）

基盤

（単位 mm）

雨水による変形防止のために表面水勾配は0.5%を上限に計画します。

4.6　コートの分類とボールスピード

　テニスコートの計画にあたっては、コートの分類を基にアクリル（ハード）にするか砂入り人工芝にするか等の選定が行われます。選定のための要素は数多くありますが、国際的にはコートの分類とボールのスピードの二つが大きな要素となっています。

　ほとんどの場合、コートについての感想は、コートが速い、遅い、と二つの言葉だけで表されます。ボールスピードについては、ITFが科学的に計測する方法を確立し、定められた機器と方法で判定をしています。大きな大会や代表的なコートでは実際のコート上で計測しますが、ほとんどのコートについては一定の大きさのサンプルをITF指定の検査機関に送り計測しています。判定はボールがバウンドした時の角度とスピードから導かれるコート面の摩擦力から定義されています。

▽ITFでは下表の五つのカテゴリーに分類しています。

Categories カテゴリー	Court Pace Rating・コートペースレーティング
1 - Slow, 遅い	≦29
2 - Medium-slow, やや遅い	30 ～ 34
3 - Medium, 普通	35 ～ 39
4 - Medium-fast, やや速い	40 ～ 44
5 - Fast, 速い	≧46

※コートペースレーティングとは計測されたデータの最終比較値

　ITFなどの国際的に権威付けされた組織により公表された分類やデータは、テニスコート計画の一助となりますが、多くの場合、限定的でないことに注意しなければなりません。コートペースレーティングの許容誤差が±5で容易に他のカテゴリーにもなり得る等がそうしたことの顕著な一例です。プレイヤーによる知覚の論文では、最上級レベルのテニスプレイヤーは正確なボールスピードを感知できますが、彼らでもボールの回転方向や芝コートのボールスリップなどを加えるとスピードの正確な把握はできないとしています。また、気温、湿度の気象条件や高度についての影響も反映されていません。こうしたことを十分に踏まえれば、計画するコートの目的やテニスの競技が本来必要な基本の要素を見極めることが大切です。

時として陥りがちな数量や科学一辺倒のコート計画にならないように、計画を進めることが望まれます。ITFは公表するすべての製品について、それらの性能や品質を保証することや推薦するものではないと繰り返し述べていることに留意しなければなりません。検査された商品が合格品のように取り扱われるのは間違いです。

▽ITFコートペースレーティング試験概要

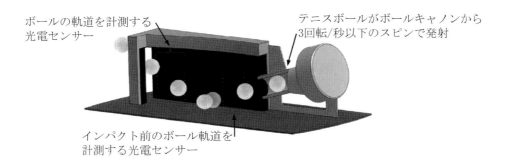

ボールの軌道を計測する
光電センサー

テニスボールがボールキャノンから
3回転/秒以下のスピンで発射

インパクト前のボール軌道を
計測する光電センサー

▽コートの分類によるボールスピードの傾向

・ITFの測定方法によって分類された種別による傾向を示すものです。

・各製品とも基本は早くも遅くもない中位をアピールする傾向が強い。

記号	種類	カテゴリー分布割合（%）					備考
		①	②	③	④	⑤	
A	アクリル	4	13	51	23	9	比較的容易にスピードを変化させることが可能
B	人工クレイ	84	8	0	8	0	クレイの性能を目標に作られている
C	砂入り人工芝	0	13	35	35	16	テスト値とコート上でのボール特性に違いを感じるプレイヤーも多い
D	人工芝	0	0	39	22	39	経年によるスピード変化が大きい
E	カーペット	17	0	8	0	75	経年によるスピード変化が大きい
F	クレイ	100	0	0	0	0	表面の湿潤状態により変化する
G	ハイブリットクレイ	84	8	0	8	0	人工的でありながらクレイに酷似している

①Slow　②Medium-slow　③Medium　④Medium-fast　⑤Fast

4.7 コート面の評価

　コート面の様々な評価について共通する最も重要で必要な要素はルールに示された事項ですが、「平滑性」と「均等性」も同様に重要です。コート面は一貫性のないボールバウンドを引き起こす欠陥があってはなりません。水たまりが生じるコート面やうねりの大きいコート面は、プレイヤーの怪我のリスクを増加させます。

　完成したコートがそうしたリスクを減らすための要素を満たしているかについて、国内では長期間、評価の対象とせずに、施工メーカーが特定の試験方法で収集した物性特性データを平均化し、標準値としてこれらに合致する数値のコートを合格品的な扱いとしてきました。何らかの検査方法をもって成果品を評価しなければならない公共工事などでは、今日でもこうした評価が一部採用されています。ただしこの試験によるコートの評価は、一定の目安としての役割は担いますが、重要な平滑性と均一性の確認はできません。

▽アクリル樹脂系表層材の標準物性特性値

項　目		標準値	試験方法
滑り抵抗	Dry	70 〜 100	ASTM E-303-66T
	Wet	40 〜 70	ポータブルスキッドレジスタンス
テニスボールバウンド性		0.65 〜 0.80	TB 反発試験
		55 〜 65	TB 摩擦試験（注）
反発弾性		20%以下	SB 反発試験
衝撃吸収性	クッション無	50 〜 70%	GB 反発試験
	クッション有	20 〜 60%	GB 反発試験
耐摩耗性		800 mg 以下	JIS K-7204 テーパー摩擦試験器 CS-17 1kgf、1000 回
接着性		3kgf/㎠ 以上	JIS A-6909
促進耐候性		剥離、亀裂を生じない	JIS A-1415、WS 型ウェザーメーター 500 時間

注）テニスボールの上に10kgの荷重をかけたときの動摩擦係数

砂入り人工芝は、主材料の人工芝の製品仕様を指定する方法などで品質性能の評価を行っています。製造会社は独自の性能をアピールし、差別化を図ることに努めていますが、実施にあたっては何よりも価格が重視される傾向が強く、結果として類似の安価な仕様の製品が最も多く採用されています。砂入り人工芝の特性として、ボールスピードや平滑性、均質性などコート面の評価について構造上、基準化が難しいことがあります。そのためコート面の完成度について評価の許容範囲が広く、コート面の良否に大きなばらつきが生じます。製造会社の公表する代表的な製品仕様と比較可能な項目を下表に示しますが、完成コート面の評価の一端であることに留意しなければなりません。いずれのコート面においても、熟練した施工技術に裏付けられた施工者のコート造りに対する高い現場での意識が、品質に最も大きな影響をもたらします。

A 社　　　　　　　　　　　　　　　　　　　　※商標のため無表記です。

芝葉材質	超耐久ポリプロピレン
芝葉形状	スプリットヤーン
パイル長さ	19mm ／ 25mm
色	※
基布材質	ポリプロピレン
バッキング材	SBR ラテックス
充填材	特殊調整珪砂

B 社　　　　　　　　　　　　　　　　　　　　※商標のため無表記です。

人工芝パイル材質	耐候性ポリプロピレン
形状	ハニカム状スプリット（ヤーン）・直毛
カラー／芝丈	※　　　　　19mm、25mm
基布／バッキング	耐候性ポリプロピレン平織布／耐水性 SBR ラテックス
充填物　目砂	粒度調整特殊硅砂

C 社　　　　　　　　　　　　　　　　　　　　※商標のため無表記です。

透水性能	全面透水仕様
パイル長	19mm　　　　25mm
材質	耐候性ポリエチレン
形状	フラットヤーン
基布	ポリプロピレン
バッキング	耐水性 SBR ラテックス

砂入り人工芝の詳細な仕様は以下の項目があり、製品比較の一助となります。

製品詳細仕様項目（参考）

製品仕様 ・	単位 ・	許容誤差 ・	備考
パイル長さ（丈）	mm	±1mm	15・19・20・25
ゲージ	列数/in		※1　3/8・5/8
ステッチ率	ステッチ数/10cm		※2
ステッチ密度	ステッチ数/㎡	−7.5％〜+10％	
総重量	g/㎡	±10％	
排水穴の径	mm	±1mm	他に全面透水
透水率	mm/h		

パイル（芝葉）の仕様

太さ	dtex	±6％	
材質	PP・PE・PO　混合割合など		
厚さ	μ（micron）	±3％	
形状	スプリットヤーン・モノフィラメント・テープヤーンなど		
色	製造会社による		
総重量	−10％〜+5％		

基布の仕様

素材	ポリプロピレン・フェルトなど		
重量	g/㎡	±15g/㎡	
バッキング	SBR・PUなど		

ロール寸法

長さ	m	±1％	≦20
幅	cm	±2cm	90・182・364・400

充填材の仕様

材質	粒調珪砂・粒調着色珪砂・粒調焼付着色珪砂など		
量	kg/㎡		

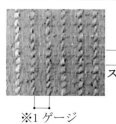

※2
ステッチ

※1 ゲージ

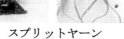
スプリットヤーン

モノフィラメント

ITFではコート面の評価について詳細な試験方法を定めていますが、これらは国際競技や大規模な大会に使用されることを想定している側面があります。国内での評価にそのまま採用することは、国内でのテニスの普及の難易度を高めてしまいかねません。そこで国内事情を考慮し、ITFの評価方法も参考に必要で十分と思われるテニスコートの試験、評価方法を考察します。

基本評価

▽最も留意するべきはルールに示された事項です。

①テニスコートラインの適正 （単位m・縮尺FREE）

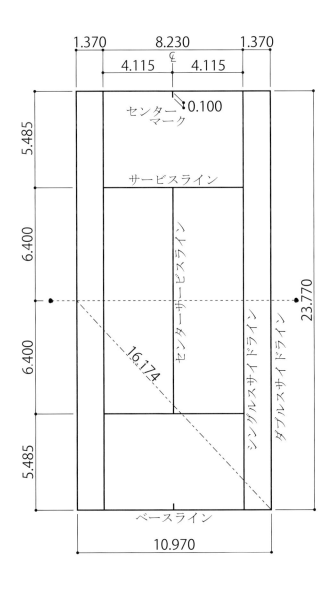

②ルール値と推奨許容誤差 （単位㎜・縮尺FREE）

▽芝やクレイのコートを考慮すれば誤差が生じることは必然です。

　下図はITFが推奨するライン等に関する許容範囲と許容誤差です。

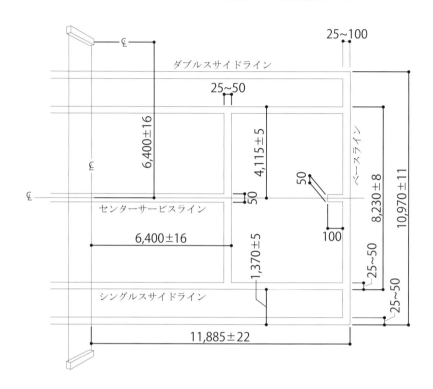

③センターネット （単位㎜・縮尺FREE）

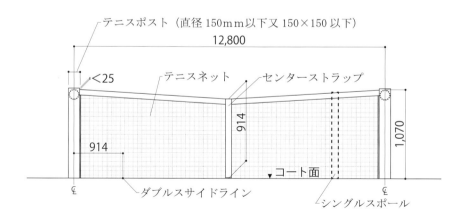

▽テニスポスト・テニスネット・センターストラップ・シングルスポールはJTA（公財）
　日本テニス協会の推薦製品を採用することで詳細なルールを満たせます。

ルール以外の評価

　ルールには示されていないコートの評価として「ボールバウンドに関する評価」と「均等性や平滑性、適切な傾斜に関する評価」があります。

「ボールのバウンドに関する評価」

　ITFではそれぞれのコートを所定の検査方法で計測し、CPR（コートペースレィティング）として評価しています。

　ただし、国内に流通するコート材料全てが申請を伴うITFの評価を受けているわけではありません。これまで国内では、コートの評価方法として前出した物性特性の標準値への適否による評価方法がありましたが、アクリルやウレタンなどに限られ、砂入り人工芝などの評価方法は確立されていませんでした。砂入り人工芝については、製造会社が提出する物性特性のデータを参考に評価しています。評価項目としては素材の種類・パイル形状・引き抜き強度・パイル目付量などがあります。

「均等性や平滑性、適切な傾斜に関する評価」

　ルールには現れませんが、平滑で均一なコート面の確認はコートの評価にとって重要です。国内のコートの多くが砂入り人工芝で造られることもあり、平滑性や均一性の評価の方法について国内では定まった方法がありませんでした。厳密なITFの評価方法を基に、現状やこれまでの国内施工を踏まえて評価についての参考的な方法を考察します。

◇評価検査の方法については以下のコート面への考え方が有効で必要です。通常コート面の区画はフェンスなどで仕切られた面、例えばハードコートが塗布された全面や砂入り人工芝が張られたすべての面をコートとしてとらえますが、評価にあたってITFはTPA（トータルプレイングエリア）とPPA（プリシンバルプレイングエリア）を設定して評価することとしています。周辺との取り合いや施工の精度確保の点からも有効で実質な方法です。

▽TPAとPPA　説明図　（単位m・縮尺FREE）

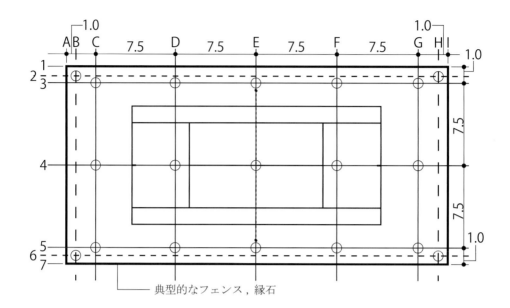

━━ 典型的なフェンス，縁石

a　：TPAの範囲（2B－2H－6H－6B）典型的なフェンス縁石から1m内側で囲まれ
　　たエリア、コートが隣接する場合、コートの中央を典型的なフェンス縁石とみな
　　します。

b　：PPAの範囲（3C－3G－5G－5C）幅15m、長さ30m

▽評価項目と日本国内での推奨事項

　　ITFでは各項目について下表の推奨値を示しています。ただし国内のアスコン施工
仕様や砂入り人工芝の普及など考慮した場合、国内での実施値としては示された推奨
値の±10%を許容範囲とした評価に妥当性があります。

項目　＼　種類	・アクリル　・ポリウレタン	・人工芝　・カーペット	・クレイ
均等性	6mm　（　PPA　）		6mm　（　PPA　）
平滑性	2（　PPA　）4（　TPA　）		
傾斜（最大）	1：100　（　1%　）（　PPA　）		1：200　（　0.5%　）（　PPA　）
平面性	PPA　（　±15mm　）　　　TPA　（　±30mm　）		

▽**均等性・平滑性**

　均等性の評価はコート面の凸凹について検査するものです。

・検査箇所

　検査は表層材料の施工前、主にアスファルト施工面で行います。アクリルや人工芝
　は施工後修正が困難で、可能な限りアスコン面での検査修正が必要です。

・検査器具

　a ：直線が確認され維持できる長さ3mのボックス型のアルミニウム鋼材

　b ：テーパーゲージ（隙間定規）測定値1mm～15mm

　c ：正確に厚みが均等な2個の鋼材・厚み15mm程度長さ100mm程度

　d ：スチール巻尺

・検査方法・主にくぼみについての検査

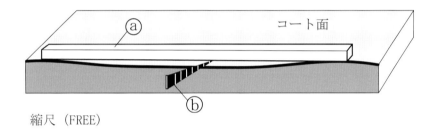

　縮尺（FREE）

①センターネットに対して平行に器具（a）をセットし、コート全体を計測する。

②器具（a）の両端がコート面に接していることを確認しながらベースライン方向に
　器具を移動し、窪みがある場合、器具（b）を使って隙間を計測する。※1

③窪みの計測値が推奨値を超えた位置から計測値以内に収まるまで器具（a）を移動
　し、移動した距離を計測する。この計測は④について行わない。※2

④センターネットと直角方向に器具（a）をセットし、窪みがある場合計測する。

・検査方法・主に盛り上がりについての検査

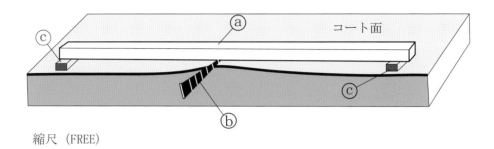

縮尺（FREE）

① （ c ）のコート面からの高さ（厚み）から（ b ）の読み取り値を差し引き、盛り上がり値とする。

計測からの対処

※1　均等性については推奨値を超える部分について修正する。

※2　アルミバーのゲージをネットと平行に移動し、均等性の数値内に収まるまでのアルミバーの移動距離を計測し、1mを超える場合1とカウント、2.5mは3とカウントする。

▽傾斜

コート面の傾斜（勾配）についての確認方法。

・検査箇所

PPAの範囲に含まれる（3列C,D,E,F,G　4列C,D,E,F,G　5列C,D,E,F,G）の各点。

・検査器具

水平測定器〈レーザーレベル・オートレベル・スタッフ（ミリ単位読み）〉

・検査方法

①各点10か所の測定を行い記録する。向かい合うそれぞれの数値の差を各点間の距離で割り傾斜値を求める。

②向かい合う点（3C－5C，3D－D，3E－5E，3F－5F，3G－5G）5か所の傾斜の平均値を求める…平均値A

③向かい合う点（3C－3G，4C－4G，5C－5G）3か所の傾斜の平均値を求める…平均値B

④斜め方向に向かい合う点（3C－5G，3G－5C）それぞれの傾斜値…C及びD

> 計測からの対処
> 平均値AとBおよび傾斜値C，Dの4個の傾斜地のうち最も大きな値が計測
> したコートの傾斜値となる。推奨値との比較を行う。

▽平面性

　コート全体の平面性を確認する方法として、修整後のアスコン面や完成後のコート
面などで行います。

・検査箇所

　PPAの範囲内測量点15か所に加えてTPAの測点16個所

・検査器具

　水平測定器〈レーザーレベル・オートレベル・スタッフ（ミリ単位読み）〉

・検査方法

　①PPAの範囲内測量点15か所に加えてTPAの測点16個所を計測する。

　②傾斜の検査で求めた傾斜値から仮の傾斜面を想定し各点を数値化する。

> 計測からの対処
> 仮想面から得られた数値と実測値の差異が推奨値内にあることを確認する

留意事項

◇国内のコート面は、センターネットを頂点としてベースライン方向に傾斜を設ける
　形状が標準仕様として数多く造られました。現在も既存の過半数のコート面は国際
　標準の形状に沿っていない現状があります。テニスコートの利用目的がレクリエー
　ションなどに限定される場合や教育施設では、即座に改修する必要性は少ないと言
　えますが、今後コート面の大規模改修の時などを利用して、国際標準に沿ったコー
　ト面に改造することが求められます。

◇テニスコートの評価について、コート面や寸法精度などについて厳密に計測し、土木・建築で求めるような高い精度を要求する場合が公共施設などで稀にあります。ただし、テニスコートの状態は常に一定で均質ではないことを考慮しなければなりません。英国ウィンブルドンで開催される世界で最も権威のある大会のセンターコートは、開催初日とファイナルではコート面の状態は大きく違っています。パリ大会のクレイコートも雨などの影響があれば同様です。プレイヤーはコートチェンジによって同じ条件を保ちながら、変化するコート面を攻略して競技を繰り広げます。

このようなテニスの持つ固有の競技内容を理解し、テニスコートを評価することが求められます。

5 防球フェンス

5.1 防球フェンスの高さ

テニスコート周辺に設置される防球フェンスは様々な形状があり、設置場所の条件によって適切なフェンスを選定する必要があります。

いうまでもなく、防球フェンスはコート内からプレイ中のボールがコート外へ飛び出すのを防ぐことが第一の目的です。したがって、必要な検討の第一にネットの高さがあります。これまで基準となる高さは地上高3mでした。

この高さについては、主に米国でボールのバウンド、建設コスト、美しく開けて見える景観などから導き出された高さです。国内においても同じような理由からフェンス高さ3mが多く普及し、採用されたと考えられます。加えて国内ではより大きな理由として、販売流通していた既製フェンス製品は地上高3mを境としてフェンスの基礎工事費が極端に高額になることが挙げられます。

十分な広さの中にある海外と国内の事情は大きく異なり、海外に似た環境のリゾートや学校施設を除けば、当初3mで造られたフェンスもコート利用の経過とともに高さ不足が顕著になり、継ぎ足しなどで高さを増していく事例が数多くあります。プレイによるボールのコート外への飛び出しを全て止めるには、天井部分を含めすべてネットなどで覆う必要があり、100％の飛び出し防止を必要とする市街地の屋上コートなどはこうした防球設備が必要になります。

コート周辺に一定の広さやボールの飛び出しによる不便や事故の発生リスクが低い場合には、基準となる地上高3mが防球や設置費用、景観の点などから推薦されます。コート外周や隣接地に住居や交通量の多い道路などがある場合は、7m以上を推奨します。国内テニスコートの立地条件の多くを考慮すれば、これからは防球フェンス高さの基準を地上高7mとして計画することが望まれます。

高いほどボールの飛び出しは減りますが、主に工事費用や景観の点からも地上高7mが無理のない高さとなります。

5.2　防球フェンスの種類

▽既製品鋼製ネットフェンス

既製の製品として流通しているネットフェンスは、テニスコートの防球として最も手軽に採用できる製品で建設当初から数多く用いられています。鋼製の柱とL型アングルの構造材などに菱形に編み込んだ金網や溶接形状の金網を張ったフェンスで、多くは建物や鉄道、道路敷地などの侵入を防ぐ境界フェンスとして開発された製品です。こうした境界フェンスの変種として、金網の目を小さくし（50mm以下）、地上高を高くした高尺フェンスが防球のためのネットフェンスとなっています。また防球目的に大型鋼材を柱とした地上高10mなどの製品も開発されています。フェンスの転倒を支えるため、地中には既製品コンクリート基礎や現場施工によるコンクリート基礎が埋設されます。

近年、大型の基礎も工場製造による既製品化がなされ、機械による現場施工が行われています。既製品ネットの特徴として、耐候性があり錆による劣化も条件が良ければ30年以上防止できます。従来よく用いられた菱形金網は、ボールの衝撃で変形し何年かに一度の張替が必要になる場合がありますが、この欠点を補うために高強度の菱形金網なども開発されています。また、溶接金網によるメッシュフェンスと呼ばれる製品はネットの変形も起こりにくく、きわめて耐久的で現在は多くの施設で採用されています。既製品の特殊な仕様として、ネット部分にポリエチレンなどの合成繊維を張る構造としたフェンスは、テニスコートに最適で侵入防止や防犯的配慮が不要な箇所においては積極的な採用が推薦されます。

代表的な鋼製フェンス

代表的なメッシュフェンス

 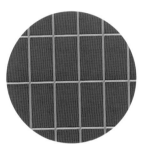

PE合繊ネットのフェンス

 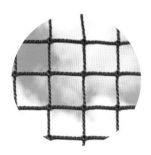

▽ コンクリートポールネット

　既製品の鋼製ネットフェンスが3mを境に工事費が高額になることや基礎が大きくなるなどの制約から、より高い防球ネットが必要な場合、景観面からは鋼製フェンスに比べてやや劣りますが、工事費用が安価で施工の制約が少ないコンクリートポール防球フェンスの採用が検討されます。電柱として流通しているコンクリートポールを柱に使い、柱間にワイヤーロープを架け、ポリエチレンなど合成繊維ネットを張る構造です。高さは必要に応じて特殊な製品では40mまで可能ですが、法令的制約から15m以下が多く、テニス施設では地上高7～10mとして使用されます。柱を地中に直接埋め込むために地上部の占有面積が少なく、掘削車両が使用できれば狭い場所での施工が可能です。非常に耐久的で、学校施設などでは数十年の使用実績も多くみられます。

コンクリートポールネット

▽ その他のフェンス

　足場用の単管パイプや一般構造用鋼管をフェンスの柱として使い、合成繊維ネットを張るフェンスです。費用対効果の高い設備とすることも可能ですが、防錆のためのメッキや塗装など怠ると、耐久的には他のフェンスに比べ劣ります。

単管パイプフェンス

5.3 防球フェンスのレイアウト

　テニスコートの景観や使いやすさに大きく作用するのが、フェンスのレイアウトです。計画の基本要素は、防球とプレイヤーの動線を考慮した平面配置と立面形状です。

　テニスルールにあるラインの外側にどれだけの広さを確保するかは、コートのレイアウトの大前提となり、テニスコート建設について最も留意するべき点の一つです。

　建設コストや景観の点から、フェンスの設置は必要最小限にとどめることが理想的ですが、国内のコートの多くは、防球フェンスによってテニスコートへの不要な侵入を防止する防犯的な役割も合わせ持つ場合がほとんどです。そのために画一的な高さやレイアウトになることはやむを得ませんが、条件が許される場合にはより使いやすく、美しく、建設コストを下げられるレイアウトの検討が必要です。

　フェンスのレイアウトは無数にありますが、組み合わせが可能な基本レイアウトを変形が容易なサイド側から図に示します。

（各図共通　単位：m　/　縮尺：FREE　/　表記数値は参考値）

①サイド側フェンスレイアウト

Ａ：コート側面を全て同じ高さとし、中央付近に出入口を設ける。

　　国内のコートの標準として一般的。出入り口は幅2.0ｍ前後の両開きとする。

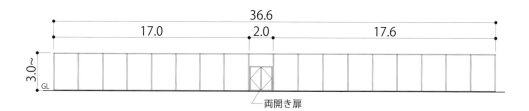

Ｂ：中央の低いフェンスに左右の高いフェンスから傾斜でつなぐ。

　　コートサイドからの観戦やコート内の解放感が快適に得られる。

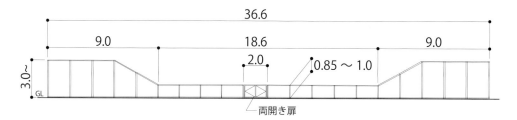

C ：中央の低いフェンスと左右の高いフェンスを最小スパンでつなげる。

　　コートサイドでの観戦や解放感が得られ、フェンス種類を選ばず施工も容易。

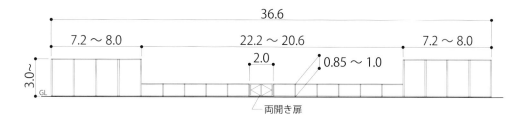

D ：フェンス設置を最小にサイドにフェンスを設けない。

　　最も経済的でシンプルなフェンスレイアウト。厚生施設やプライベートコートに
　　最適。

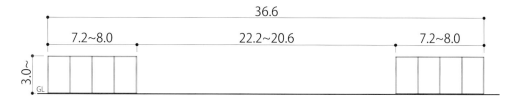

②平面レイアウト・基本形

国内コートのほとんどが採用している標準的なフェンスレイアウトと海外に多い日よけテントを組み合わせるレイアウト。

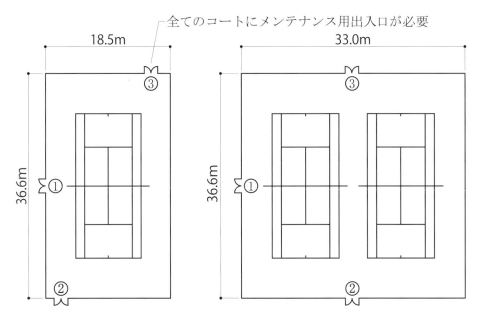

・プレイヤーの出入口は①-②の順に推奨される
・③最小のサイズ 幅1.8m高さ2.0m

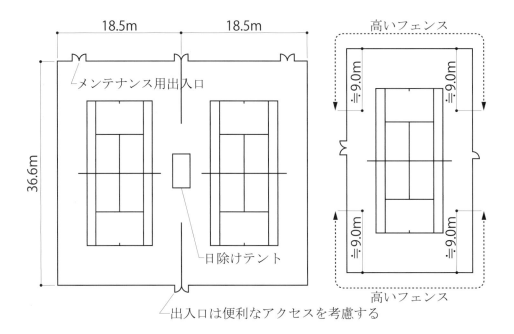

③平面レイアウト・コーナーカット

基本の長方形レイアウトの対角線上にあるコーナーのフェンスを斜めにカットする
レイアウトで、建物や照明柱などの障害物を避けることができるほか、制約のある
計画地を最大に利用することができます。またプレイヤーがコートの奥からボール
を回収する必要がない、景観が柔らかく良好などの利点があります。

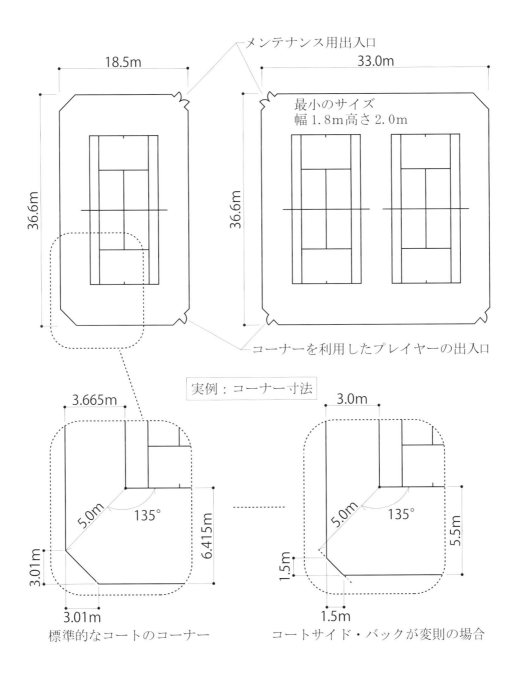

実例：コーナー寸法

標準的なコートのコーナー　　　コートサイド・バックが変則の場合

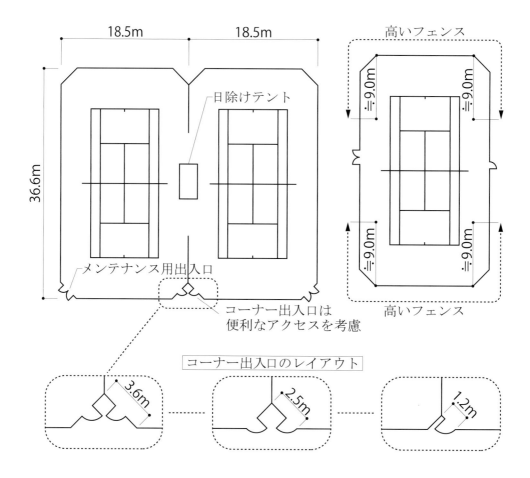

18.5m　18.5m

日除けテント

36.6m

高いフェンス

≒9.0m　≒9.0m

≒9.0m　≒9.0m

高いフェンス

メンテナンス用出入口

コーナー出入口は
便利なアクセスを考慮

コーナー出入口のレイアウト

3.6m　2.5m　1.2m

5.4　防球ネットとコート周辺の詳細

　コート計画の中でも、フェンスの設置とコート面の取り合う個所の納め方が重要な
ポイントになります。都内で行われたテニスコート改修工事で、完成検査に関係者は
高さ10mのフェンスを見上げて至極満足気でしたが、コートを転がったボールがい
とも簡単にフェンスの下を潜り抜け、コート外に転がり出るのを見て唖然とした表情
で苦笑していました。こうした事例は実に多くあります。

　コートの建設や計画に伴う設計などが、道路や建築物のように多くの経験則を持た
ない中で進むことが大きな理由です。排水施設も含めコート周辺に留意が必要です。

Ⓐ 縁石＋コンクリート

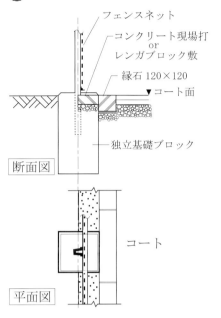

フェンスネット
コンクリート現場打
or
レンガブロック敷
縁石 120×120
▼コート面
独立基礎ブロック
断面図
コート
平面図

Ⓑ 縁石＋U型排水溝＋コンクリート

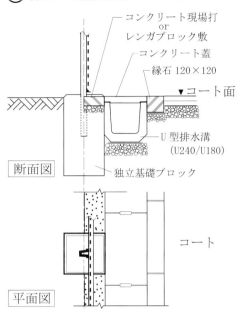

コンクリート現場打
or
レンガブロック敷
コンクリート蓋
縁石 120×120
▼コート面
U型排水溝
（U240/U180）
独立基礎ブロック
断面図
コート
平面図

Ⓒ L型側溝＋コンクリート

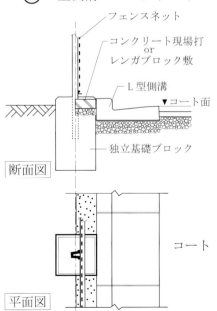

フェンスネット
コンクリート現場打
or
レンガブロック敷
L型側溝
▼コート面
独立基礎ブロック
断面図
コート
平面図

Ⓓ コート外U型排水溝

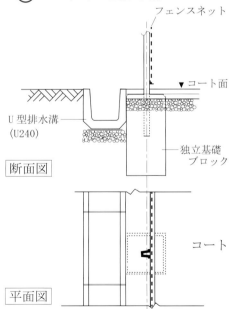

フェンスネット
▼コート面
U型排水溝
（U240）
独立基礎
ブロック
断面図
コート
平面図

Ⓔ コンクリート連続基礎

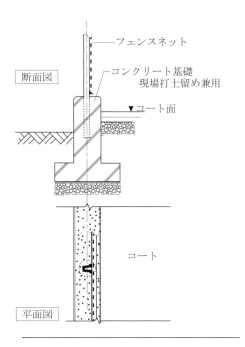

断面図

- フェンスネット
- コンクリート基礎
  現場打土留め兼用
- ▼コート面

平面図

- コート

Ⓕ U型排水溝＋軽量グレーチング ＋コンクリート

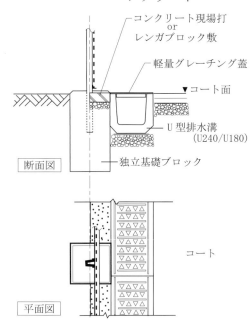

- コンクリート現場打
  or
  レンガブロック敷
- 軽量グレーチング蓋
- ▼コート面

断面図

- U型排水溝
  (U240/U180)
- 独立基礎ブロック

平面図

- コート

Ⓖ コンクリートポール ＋軽量グレーチング

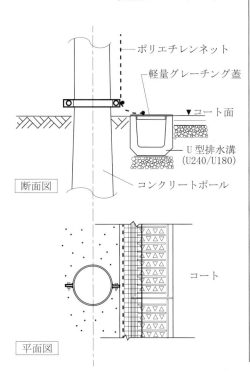

断面図

- ポリエチレンネット
- 軽量グレーチング蓋
- ▼コート面
- U型排水溝
  (U240/U180)
- コンクリートポール

平面図

- コート

Ⓗ コート外U型排水溝

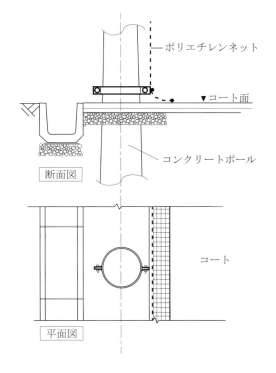

- ポリエチレンネット
- ▼コート面

断面図

- コンクリートポール

平面図

- コート

▽ 比較表　1

記号	名称	備考	留意点
A	縁石 ＋ コンクリート	最も簡易な納まり透水性1面レイアウトには全周で使用可能	・周囲に高木・古木がある場合、根の侵入が容易で注意が必要
B	縁石 ＋ U型排水溝 ＋ コンクリート	排水溝を落とし蓋にすると縁石不要	・コンクリート蓋は5mm隙間を開けて設置する ・コンクリート蓋上面は塗装しない
C	L型側溝 ＋ コンクリート	メンテナンスが容易	・1〜2面のレイアウトに最適
D	コート外U型排水溝	施工がやや困難だが低価格で効率が良い	・排水溝高さをコート面より下げて施工する
E	コンクリート連続基礎	傾斜地や土留めを必要とする場合に有効	・アスコン施工機械の施工性が悪くなるので注意
F	U型排水溝 ＋ 軽量グレーチング ＋ コンクリート	コートの種類にかかわらず納まりが良い	・運動施設用ゴム蓋はコートに最適
G	コンクリートポール ＋ 軽量グレーチング	土地境界がコートに近く狭い場合も高尺が可能	・コート面までネットを垂らして施工する
H	コート外U型排水溝	施工が比較的容易	・排水溝高さをコート面より下げて施工する

記号	高さ（m）	工事費	施工性	維持管理	最適面数
A	0.7～3.0	◎	◎	◎	1
B	0.7～3.0	▲	◎	▲	2～
C	0.7～3.0	▲	◎	◎	1～2
D	0.7～3.0	◎	▲	◎	2～
E	3.0～5.0	▲	○	◎	3～
F	0.7～3.0	○	○	○	2～
G	7.0～10.0	○	○	○	3～
H	7.0～10.0	◎	◎	◎	3～

6　雨水排水設備

　テニスコートをより良く利用するためには、コート面が雨上がり後、速やかに使用可能な状態になる事が望まれます。そのためには、コート面の平滑性と排水勾配が適切で良好であることに加えて、テニスコートからコート外、テニスコートから敷地外への雨水の排水も同じように重要です。ただし、テニスコート敷地から敷地外への雨水排水には、開発行為をはじめとして様々な法的規制があります。計画地域に定められた法的規制は計画全体に大きく影響するので、事前の十分な調査や専門家による対処方法の検討が必要です。そこで本稿では、多くのテニスコートに共通するテニスコート内の排水計画にとどめています。近年、砂入り人工芝コートなどでは基盤のアスファルト舗装を透水性として、コート下部の土中に雨水の一部を浸透させる構造も標準的な工法となっています。こうした透水式のコート面や透水性の下地は、地域の防災面にも貢献できるなどの側面があり、積極的な採用が望まれます。ただし透水する雨水は降雨量の一部で、コート面を流れる雨水の速やかな処理には排水のための設備が必要となります。

　多くの場合、コート周辺に設けられる排水溝にはU字溝などのコンクリート二次製品が用いられます。

コート面の勾配ルールは1980年頃に明確になりましたが、それまでのコート面の多くは、センターネットを勾配の頂点としてコート面のバック側を低くする山形をしていました。排水溝は山形の形状に排水高さを合わせやすいことから、コート面を取り巻く周囲、四辺を全て同一高さで設置する構造を基本としていました。コート面のサイド側にあっては、センターポストより外側でコート面を変形させて排水溝に雨水を流していました。こうした構造、形状のテニスコートは現在も公共施設などで数多くみられます。現在、新規の建設計画ではコート面全体を平滑な一面とするために、多くの場合は排水溝を最も低い最下流の一辺に設置することが基本となります。

　排水施設の設置について見落としがちな条件として、テニスコート内の排水施設には、テニスコート外からの雨水の流入を抑える役割もあることです。テニスコート外からの流入に対しても排水施設が有効に設置される必要があります。また、排水施設の構造によっては地表面近くに浸透した雨水の移動を抑制する作用があり、コート面への影響を減らします。地下雨水の流れは、隣接樹木の根の移動とも密接な関係があり、コート面に損傷を与える場合があります。雨水の侵入抑止はコート内への根の侵入も抑止する効果があります。

　雨水排水について多くの場合、舗装下部に埋設する暗渠排水の設置が推奨されています。これは校庭やグラウンドなどクレイ舗装のぬかるみ防止を目的とした、浸透による排水性向上が主たる目的でした。テニスコートへの採用はテニスコートも運動場の一部とした考え方によるものです。コート面がクレイや透水型の舗装では、暗渠排水は有効に働く場合もありますが、コート面の雨水排水は表面排水を基本として計画することが必要で、暗渠排水管の設置は基本的に必要としません。コート下部の土中に多くの湿潤やコート面に近い水位がある場合、暗渠排水の設置が検討されますが、高い精度を必要とするテニスコートにおいては、暗渠排水での対応は避けて土質や水位の改良処理による方法の選択が最も確実で有効です。

排水設備配置例

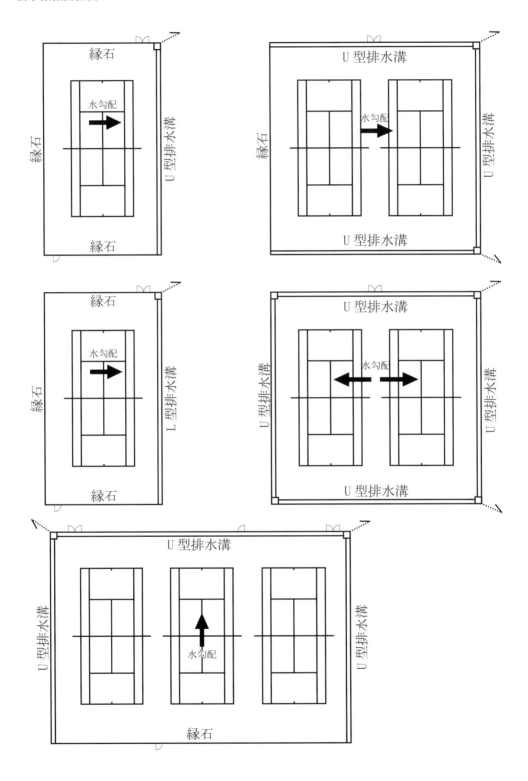

7.1 テニスポスト・テニスネット

　テニスコートにおいて、ルールとしてライン寸法と同じく明確に定められた設備にテニスポストとテニスネットがあります。テニスポストは、地中に埋設されたコンクリート基礎でネットの緊張からくる外力を支えますが、外力に負けて倒れてしまうポストも頻繁に見ることができます。転倒しないポストの設置には、基礎の形状寸法を適正に定めることが重要です。

　競技がシングルスの場合とダブルスの場合に、ネットポストの位置はラインの位置に合わせて変えなければなりません。国内においては、ダブルスの位置にあるセンターポストを変えることなく、シングルスティックという備品をネットに立てて代用しています。グランドスラムや国際試合など規模の大きな試合では、抜き差し式のポストを使用して、あらかじめ埋設されたシングルスの規定位置にポストを差し替える方法も一般的です。

　クレイコートにみられたコート面の保守のための苦汁散布は、鉄製ポストの地際に腐食をもたらし、腐食を促進し早期に折れてしまう場合がありました。現在では苦汁の散布はほとんどありませんが、ポストの素材をステンレスにすることやポスト本体を抜き差し式とすることで腐食の問題を解決できます。

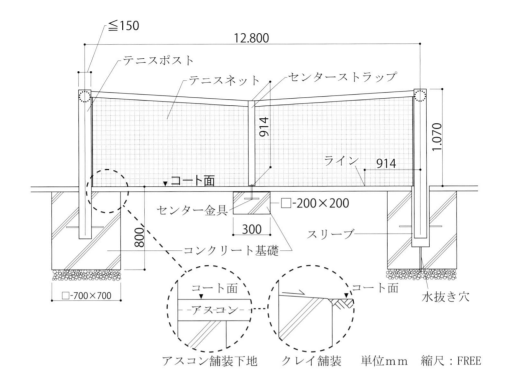

≦150　12.800

テニスポスト　テニスネット　センターストラップ

914

1.070

ライン　914

▽コート面

センター金具　□-200×200

300　スリーブ

コンクリート基礎

800

コート面
アスコン

コート面

水抜き穴

□-700×700

アスコン舗装下地　クレイ舗装　単位mm　縮尺：FREE

①**テニスポスト**：ルールでは一辺または直径150㎜以下とありますが、使用にあたっては器具製造会社による既製の製品が使われます。市場の製品はいずれもルールに適合しているので採用は可能です。素材は鉄製、ステンレス製、アルミ製、木製となっています。構造はワイヤー巻取りをポスト内に収めたものとポストに外付けしたものがあります。形状は100㎜角柱型もしくは円筒型で直径76.3㎜が一般的です。

②**センター金具**：テニスネットの中央で既定の高さにセットするセンターストラップをコート面で固定する金属製の製品です。様々な製品がありますが、耐久性の点でステンレス製が適切です。金具をセットする基礎の大きさが不十分でネットの緊張に耐えられず、コート面に持ち上がる例があり注意が必要です。クレイコートには基礎なしで地中に直接埋め込む製品もあります。

③**テニスネット・センターストラップ**：合成繊維で編まれたネットで、テニス専用の製品で多くの種類が販売されています。ネットとストラップはセットの販売が一般的ですが、それぞれの消耗を考慮して個別の販売もあります。ネット上部の白帯と呼ばれる部分の消耗が激しく、製造会社による修繕や修繕キットによるDIYも可能です。

④**テニスポスト基礎**：ポストを直接埋め込む施工とスリーブ（さや管）をセットして抜き差し可能とする場合があります。スリーブを用いた場合、ポスト交換やコートの多目的利用など応用が可能です。水抜き穴は必須で、数か月に一回の抜き差し清掃を行うことで錆や砂ほこりなどによる固着を防止します。施工はコート面の舗装が定まった段階が適時で、高さや傾きなどに注意が必要です。近年は工場で基礎コンクリートブロックを製造し埋設設置する方法も多く行われています。

7.2　審判台

　試合の判定を行う審判員が着座し、主にボールの判定を行う梯子のついた高座椅子です。器具製造会社から多種の製品が販売されています。国内では特段の定めのない中、コート面より座板の高さ1.5ｍの製品が長年採用されて今でも主流になっています。ただしITF、ATP、WTAなどの公認試合では、座板高さが1.8ｍ以上と定められており、これまで普及した審判台は適合しません。そこで公認された大会などでは、木製等で台座を造り既製の製品をのせるなどの処置が施されました。公認の大会や国体、実業団、大学リーグなどに使用されるコートの備品としては、適合する高さ1.8ｍの国際標準品の採用が適切です。近年では既製の適合品も多数販売されています。民間テニスクラブやテニススクールでは、審判台は無用の長物化する事例が多くあります。民間テニスクラブや公共のコートなどでレクリエーション試合を行う場合、セルフジャッジが多く行われていて審判員を座らせて試合を行う機会は少なくなっています。コート間に余裕がある場合や審判を必要とする利用が多い場合などを除いて、コート数の半分ほどを用意しておくのもよい方法です。テニススクールも同様で、コート1面に対して1台という従来の当たり前は国内においては実用的ではありません。

　審判台の設置は、試合の行われるコート面のどちらの側においても構いませんが、太陽の光を審判員が背に受けるのが基本です。大会などでは午前と午後で審判台の位置が入れ替わることも頻繁に行われます。また炎天下での使用には日除けのためのテントやパラソルなどの設置が必要です。

7.3 コート№.プレート

　合成樹脂の板に印刷やシールでアルファベット記号や数字を書いて、コート利用の円滑を促進します。グランドスラムなどが行われるテニス施設では、主会場となるコートをセンターコートと称して特別扱いし、レジェンドプレイヤーの名や記念日などの名称で表す場合も多くあります。

7.4　ベンチ

　コートサイドにおかれたベンチは、休息目的ばかりでなく、利用者の予備のラケットや身の回りの携帯品など置いておくことにも使われます。コートの使用が時間管理される公共施設などでは必需品ですが、会員などが次々に利用するようなクラブではコート内のベンチの利用は少なく、コート外に置かれたベンチやテーブルの利用が多くみられます。屋外に置かれるベンチは専用の耐久的な製品の選定が必要となります。

7.5　日除け

　近年、猛暑の夏において利用者が日差しを避ける設備は必須になります。これまでのテニス施設では、ラインから導かれる最小のコートスペースを基にレイアウトされることもあって、設置が困難な場合も多くありました。今後の計画では、常設のテントスペースなどを含んだ余裕のある計画が望まれます。簡易的な日よけパラソルなども有効ですが、屋外では突風などの影響を常に考慮しなければなりません。安易な設置は思わぬ怪我などにつながります、設置については常に注意が必要です。

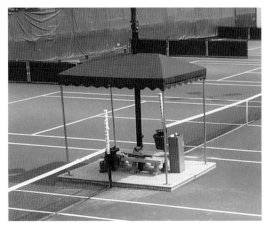

7.6　観覧スタンド

　国内のテニスコート施設の多くは、試合を観戦するという視点からの計画はほとんどありませんでした。これは、日本におけるスポーツは体育向上であり鍛錬のための運動という歴史が影響していると思われます。学校の体育館などに観覧するスペースが全く検討されていないのも、そうした背景が要因にあると思います。海外のスクールドラマでは必ずと言ってよいほど観覧席があり、競技者と観覧者、応援者が一体となってスポーツを楽しむ様子が日常的な場面として表現されています。国内では、観覧者が防球のためのネットにしがみつくように競技を観戦する姿をよく目にしますが、この観戦スタイルを変える必要があります。規模が国内のテニスコートと同等の海外のテニスコートでも、アルミ製の簡易な2〜3段程度のスタンドが多くみられます。同様のアルミスタンドは国内メーカーからも販売されていますが、一様に高額なことや必要不可欠ではないとの判断が大勢を占め、設置される事例はわずかとなっています。米国の大学では、観客収容人数が数千人のセンターコートも珍しくはありません。観覧スタンドの規模については、使用者や競技の水準、開催される大会の規模など考慮して決定することになりますが、いずれのコートにあっても観戦者という視点からの施設づくりは、これからのテニス施設に必須としたいものです。

7.7　スコアボード

　本格的な競技については必須の設備ですが、レクリエーションが主な利用目的のテニスコートに常設することはあまりありません。ポータブル型の得点板などの利用で十分です。国際的な大会や国内の大きな大会などでは、観客を想定した設備が必要となります。現在、代表的な国際的な施設では、ホークアイなどボール判定システムと連携することができる大型のLEDスクリーンが多く用いられています。

7.8　水切りスキージー

　ハードコートで雨上がり後や水洗い後の水はけ、排水に用いるゴム製の水切り用具です。いくつかの器具製造会社から販売されていますが、構造はほぼ同じです。ハードコートにおけるスキージーの使用は単に水を押し流すだけではなく、コート面の汚れやボールのフェルト、シューズ跡なども同時に押し流す洗浄効果があります。雨上がりの水はけ作業は丁寧に、こまめに行うことがコートを良い状態に保つことにもなります。スキージー作業の注意点としては、使用に従ってゴム部分が摩耗してゴムを保持する金具部分がコート面をこすり傷つけるケースが多いことです。適時ゴム部分の摩耗や変形に注意し、点検して必要に応じて交換することが大切です。製品によってはゴムの車輪がついていますが、同じく摩耗し支持部分でコート面を損傷することがたびたびみられます。

7.9　コートブラシ

　コートブラシはクレイコートと砂入り人工芝に用いられます。使用目的は、クレイコートも砂入り人工芝も使用によって移動が生じた表面の砂・珪砂の偏りを戻す、コート表面の均一性の回復です。均一で平均化したコート面はイレギュラーなボールバウンドを減らすとともに、プレイヤーの足さばきを良くし障害を軽減します。また、表面の砂や珪砂がクレイであれば表面土、砂入り人工芝では人工芝の繊維を摩耗やすり減りから保護する役目もあります。ナイロン製や天然シダの製品があり、コート内に常備し利用後にプレイヤーが行う日常的なブラシ掛けと、コートローラーやバギー車などを使用した管理者によるブラシ掛けを定期的に行います。

7.10　時計

　テニスコートの利用が始まるとすぐに必要を感じる設備の一つです。屋外用の本格的な電波時計を設備できる公共施設もありますが、民営のテニスクラブなどでは管理棟の軒下などに設置する防雨型や防滴型の電池式電波時計などで十分代用できます。施設の規模目的によって選定し、各コートから容易に確認できる場所に設置するようにします。大きいほど視認性はよくなりますが、大きさによって極端に高額になります。製品数は少ないですが、一流メーカーの直径60cm前後の電池式電波時計が比較的廉価で販売されています。

7.11　水栓

　クレイコートにおいては散水が必須なので、以前からテニスコート内に設備されることが一般的です。現在でも、クレイコートの散水栓は必ず設備されなければなりません。クレイコートでは、夏季の散水に大量の水と多くの作業時間を必要とします。効率よい散水のためには、布巻ゴムホース 19㎜以上で十分な水圧が必要です。コートが全天候化するにつれて日常的な散水栓設備の必要がなくなり、ほとんど設置されなくなりましたが、砂入り人工芝やハードコートにおいても散水栓設備は必要です。特にハードコートは長い間雨が降らない時やコート面が汚れた時に散水し、洗浄することでコートのコンディションを回復させることができます。設置場所としては、従来多くみられたコート面ではなく、防球フェンスの外側で出入口などに隣接した場所が最適です。

7.12　コートスクリーン・目隠しネット

　大規模な競技会が開催される施設のセンターコートなどでは、コートの後側の壁面をボールが識別しやすい色の高い壁で囲んでいます。ボールの視認性はテニス競技にとって極めて需要です。対面するプレイヤーの背面に動くものやボールが隠れやすい色がある場合、プレイを難しくするばかりでなく、ボールを一瞬見失うことによる事故などにつながる場合もあります。近年グランドスラム大会の2会場には、メインコート後方壁面に特殊な構造の液晶ディスプレイが設置されていて、自由に色を変えることができます。また、競技の合間には動画でのCMや選手紹介などに使われています。

　一般的なネットフェンスで囲われたコートでも、プレイヤーにとってボールの視認性の良否はコートの良否にもつながります。フェンスの外側に常緑の生け垣や植え込みなどで葉を茂らせることができれば、視認性の向上につながります。ただし多くのコートでは、スペースや維持管理の点で植栽ができない場合も多くあります。そこで、主にベースライン後方のネットフェンスに視認性をよくするためのシートを張り、競技性を高めようとする設備としてコートスクリーンがあります。国内ではコート外からの視線を遮る目的も兼ねることから、慣用的には目隠しネットと呼ばれています。既製の製品も販売されていますが、サイズを指定して製作することも可能で、黒色または濃い緑色が多く使われています。ネットフェンスや防球のためのポールに張られたワイヤーロープなどに合繊の紐で結び付けて固定します。留意すべきは、取り付け

たネットフェンスの受風圧による転倒です。目隠しネットを取り付けたネットフェンスの受ける風圧について、標準的なネットフェンスの構造では設計が反映されていません。目隠しネットの取り付けによって格段と大きな風圧が作用して、転倒や傾きをもたらします。対策としてシートをメッシュ状にしたものや風抜きの窓を持った製品もあります。

　シートの原反サイズから横幅長さの自由度は広く選べますが、上下の高さは0.9mや1.8 m前後が製品としては標準です。取付高さはコート面から30 〜 50cm上をネットの下端として設置すると、効率が良く役割を果たします。また風圧を少しでも避けるために、同じような設置位置に上下高さ90cm前後のネットを二段に取り付ける方法もあります。

　テニスコート周辺を常緑の樹木で覆うなどが理想的ですが、後付け的に目隠しネットが必要になるケースが多くあり、新設当初から計画に含むことが望まれます。

7.13 管理用通路と除雪

　テニスコートの新設は施工のための準備計画によって、どのような設計計画のコートも完成させることは可能になります。そうした中で重要でありながら抜け落ちがちな条件の一つは、テニスコートはいずれ修繕や改修を必要とするということです。国を代表するような施設でも、完成後コートへの出入りを利用者だけと想定していたことから、コートの改修修繕の必要が生じたときに施工機械がコート内に入れず使用できないなどの問題が発生しました。改修工事や修繕施工が困難になるだけでなく、改修や修繕の精度が確保できないことに加えて、工事費が高額になるなどの例があります。こうした事例は丘陵地などでも多く発生し、修繕工事が極めて高額で困難な理由により閉鎖されるコート施設も少なくありません。将来の改修や修繕を常に想定したコートへの進入動線の確保が必要です。また、降雪対策としてコート内の雪をどのようにコート外へ除雪し処分するかは、積雪が多くない都市部において特に重要です。フェンスの一部を除雪専用に開放できるよう改良し対策することは、大きな費用も必要とせずコートの使用率を大きく向上させることができます。

第2章　維持管理

1 コート面

1.1　砂入り人工芝

▽日常管理

・テニスコートに入る靴は、泥などを落とし綺麗にしてください。

・テニスコート内は水以外の飲食物は持ち込まないようにします。

・万一、食べこぼしや飲料をこぼした場合、真水で丁寧に洗い流します。

・テニスコート内は禁煙です。

・落ち葉やごみを取り除き、テニスコート内の清掃を心がけます。

・使用後の砂の偏りを均すためのブラシ掛けが最も大切な管理作業です。専用のコートブラシを押し出すように使い砂を戻すことで、砂入り人工芝コートの寿命を延ばすことが可能です。ブラシ掛けは砂が乾燥している状態の時に行います。

・使用が連続して砂が大きく偏った場合は、スコップなどで砂を戻します。

・排水溝近くの充填砂をほうきやブラシ、スコップ等を使って戻します。コート周辺は充填砂がたまりやすく排水設備に流入する場合もあるので、留意して清掃します。

・降雪で雪がコート面に積もった場合、溶けて流れるまで使用を待つことができる場合は放置して融雪を待ちます。

・降雪の後に速やかなテニスコート使用を必要とする場合、テニスコート外へ除雪しますが、降雪量によって雪は大量になります。

・雪の滞積場所が施設内になくテニスコート内のフェンス際に積み上げた場合、雪は凍結し長期間残ります、凍結した雪はコート外への搬出が難しくなります。

・除雪は原則人力で行い、タイヤを使う除雪機や運搬車両のコート内使用は人工芝の変形、剥がれ等の原因になりますので禁止です。

▽年間管理

・充填砂の沈下やテニスコート外への持ち出しなどにより、減少した充填砂を補充します。小規模の散布、充填作業は人力で行い、コート全面や複数面のように大掛かりな場合は、専用機械を使用した専門業者による施工とします。頻度は年間に一度が推薦されますが、日常管理の程度により大きく差が出ます。充填された珪砂は経過とともに小さな粒子が下に落ち、表面に比較的大きな粒子が残ります。大きな粒子は靴底の抵抗を小さくし、足元が滑りやすく転倒などにつながる場合もあります。小さな粒子を含む珪砂の追加充填によって適度な滑りを回復し、良好な使用感を維持することができます。

・長年の使用によって固化したコートの回復は、充填砂の掻き出しや入れ替えなどがありますが、いずれも一時的な回復になる場合が多く、費用対効果の点で効率的とはなりません。

・日陰のコートではコケやカビが発生する場合があります。小規模な場合はブラシで除去し、防カビ剤を散布します。林間のリゾート施設などで全面がカビや苔で覆われるようなコートは、シーズンに入る前に一度専用機械による除去作業を専門業者に委託します。

・コートの環境によってはカビや苔が発生します。年間を通しての使用による攪拌や機械的に表面を攪拌することで多少の抑止効果があります。

1.2 ハードコート

▽日常管理

・テニスコートに入る靴は、泥などを落とし綺麗にしてください。

・ベンチ、審判台は専用の製品を使うかゴム板敷きなどで荷重の分散が必要です。

・ラケットによる傷は常に起こります。施工会社の指導で定期的に修繕します。

・テニスコート内は水以外の飲食物は持ち込まないようにします。

・万一、食べこぼしや飲料をこぼした場合、真水で丁寧に洗い流します。

・コート内は禁煙です。

・落ち葉やごみを取り除き、コート内の清掃を心がけます。

・コート面の落ち葉や砂などは、雨上がりの水はけ作業によってコート外へ押し出されます。雨後の水はけ作業を丁寧に行うとコート面を綺麗に保てます。

・周辺樹木の樹液や種子で汚れたコート面は、水を流しながらブラシで洗い取ります。汚れが強く残る場合は中性洗剤を使って洗い落します。

・長期間雨が降らずコート面に飛散した砂などが目立つ場合、散水し洗い流します。大会などコート面の性能を十分発揮させる場合、試合終了後散水しコート面を洗い流すことでシューズマークやボールフェルトを流してコンディションを回復させることができます。

・商業施設などで使われる自走式の床掃除機や高圧の洗浄機を使うことはおすすめしません。ブラシによる損傷や機械重量の車輪跡などが発生して、コート表面そのものを損傷してしまう場合もあります。

・高圧洗浄機による清掃は、専門業者または専門業者の指導を受けた者以外行ってはいけません。

・大雨による冠水などによって汚泥などが表面に残った場合、速やかに取り除くことが必要です。表面の汚泥の収縮によりコート表面を破壊することがあります。

・水はけ用のスキージーやボールストッカーの金具がコート面をこすらないよう注意して下さい。

2.1 テニスネット・ポスト

▽日常管理

・テニスネットはテニスコート中央に張られた専用ネットとネットの張力を支えるテニスポストで構成されています。

・毎日のように使われるコートでは、ネットは常時張った状態で問題なく使用できますが、夜間など長時間使用しない場合は張りを緩めておきます。使用にあたってはセンターベルト位置での高さの確認を毎回行います。また降雪などで長期間使用しないコートでは、取り外して倉庫などに保管します。取り扱う場合、軍手を用いるなど手の防護を心掛け、ワイヤーなどによるケガなどに気を付けます。近年、スチール製のワイヤーに代わって取り扱いの楽な高強度合繊によるネットロープが開発されて、取り扱いが容易になりました。

・使用に従って白帯と呼ばれる上部のカバーが損傷しますが、ネット本体が使える状態であれば白帯だけの交換も可能です。

・ネットポストはワイヤーなどに緊張を与える巻取装置が内蔵された鉄製、または錆びにくいステンレスを使用した角型または丸パイプで構成されています。最も多いトラブルはネットの緊張にポスト本体が耐えられず、基礎ごと倒れてしまう場合です。原因としては、基礎の大きさ不足や周辺土壌の強度不足が考えられます。巻き取りギヤー部分や滑車は、年に一度か二度の清掃と注油が長期使用を可能にします。抜き差し可能なテニスポストは年に数回程度、抜いて清掃をすることで必要な場合に抜き差しが可能になります。長期間放置された抜き差し式ポストは、錆や砂ボコリの影響で抜けなくなるケースが多くあります。長期間の使用についてはコート面に接触する箇所の損傷をチェックし、錆による損傷劣化が進まないように必要に応じて塗装など施します。

2.2　防球フェンス

・既製工業製品の防球ネットは通常の環境であれば30年以上の耐久性があります。本体の金網が菱形金網などの場合、ボールの打撃によって主にネット下部が外側に変形し下部鋼材から外れてしまう損傷が数多くみられます。近年、ネットを溶接金網で造ったメッシュフェンスが用いられることも多くなり、そうした損傷は少なくなりました。菱形金網の損傷には張替が最も一般的ですが、その場合、合成繊維ポリエチレンのネットなどで張り替えることが推奨されます。

・ネットに周辺樹木が絡んでしまうと成長に従い撤去が困難になります。周辺樹木に気を付けて早め早めの剪定や伐採が必要です。つる性の樹木がネットを覆うことで風圧を強く受けることになり、ネット本体の転倒や傾斜が発生しやすくなるので留意が必要です。

・目隠しネットやコートスクリーンと呼ばれる合繊メッシュ状のシートをネットに張り付けることは、テニスボールの視認性の向上やテニスコート外を移動する人や物を遮蔽するなどプレイに有効な設備です。ただし通常のフェンスでは、それらシートの受ける風圧は転倒などの強度計算に含まれていません。したがって目隠しネットを設置する場合注意が必要です。①目隠しネットの高さは総幅で2.0ｍ以下とする②ネット下部やネット間に風抜きの隙間を作る③台風など強風の予測可能な時に容易に外せる構造とする等として、フェンス本体への影響を抑えることが必要です。

・フェンスが長期間経年すると、柱の地際に生じる錆を原因として断面が欠損し、容易に転倒するフェンスとなり危険です。地際の様子を常に観察し、砂や草がかぶるなどでの湿潤が生じないように清掃を心がけ、必要に応じて錆止めなどの塗装を行います。

・フェンスの管理でポイントの一つが出入口の管理です。施錠方法や開閉のための丁番やかんぬき等の可動個所がスムーズに動くよう整備が必要です。不具合の多くは門柱フェンスの傾斜や門扉の変形です。扉の動きが悪くなり開放したままで使用するなどを見かけますが、大変危険なので速やかに修繕が必要です。

2.3　排水設備

▽日常管理

・排水溝に求められる性能は、雨水を速やかにコート面からテニスコート外へ排出することです。管理の日的も速やかな雨水の排出を維持するためのものです。

・排水溝の構造としてコンクリートの既製品が多く使われます。排水溝の蓋には数種類あり、代表的なものとしては、コンクリート製と鋼製の軽量グレーチングで格子状のものや鋼板に穴の開いたものなどがあります。軽量グレーチングは容易に外すことが可能で、清掃管理は比較的容易にできます。コンクリート製の場合、多くは蓋上面と周辺が同じ高さに納まっていることが多く、周辺の土などで固まり容易には外せない場合もあります、重量もあり必要に応じて専門家に依頼します。蓋を開けた状態で沈殿した砂や泥、芝くずを取り除き清掃します。同様にドロ溜枡や集水桝も清掃します。清掃の頻度は年に一度程度で充分です。

・沈殿した砂や泥は大量になる場合が多いので、それらの処分方法も清掃に先立って計画しておくことが必要です。蓋の欠損による不備や段差はプレイヤーのけがの原因となることから、速やかに新しいものと取り換えるなど修繕することが必要です。排水性が良好に保たれたテニスコートは、コート面のカビや汚れを防止することにもつながり、コート全体の品質維持にも有効です。

2.4　維持管理スケジュール

	日常管理		定期・適時管理	
砂入り人工芝	ほうき・ブロアーでの清掃	毎日	専用機械でのブラッシング	1回／年
	使用後のブラッシング	使用毎	充填剤（珪砂等）補充	1回／年
	段差・芝の点検	毎日	部分修繕	必要な時
ハードコート	ほうき・ブロアーでの清掃	毎日	専門業者による清掃	1回／年
	雨後の水はけ清掃	雨後毎	散水清掃	必要な時
テニスネットポスト	高さと張り点検	毎日	抜き取り清掃	1回／年
	ワイヤー点検	毎日	塗装	必要な時
	傾き	毎日	注油	1回／年
フェンス	傾き	1回／週	部材の劣化	1回／年
	ネットの破れ点検	1回／週	ネット修繕	必要な時
	門扉の動作点検	1回／月	基礎の変形	必要な時
目隠しネット	破れ点検	1回／週	取り付け紐の交換	1回／年
	取付点検	1回／月	破れ個所の修理	必要な時
排水溝	周辺清掃	2回／週	蓋上げ清掃	1回／年
	欠損点検	1回／月	欠損蓋交換	必要な時

第3章　改修・修繕

　本章では、既存のテニスコートを改修・リニューアルする方法について述べています。コート面を主にフェンスや排水設備などにも触れています。改修については既存コートの構造など多種にわたるため、代表的な例としています。

1 コート面の改修

1.1 クレイコートから砂入り人工芝

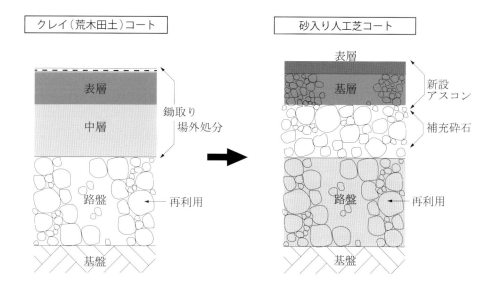

▽改修手順

調査測量

・周辺排水設備の流入高さ、コート面の高さ、テニスコート外周高を測量し確認します。

・コート面を掘削調査し現状断面を確認します。

・資材や残材の搬出搬入経路を確認します。

設計（以下を並行して行いそれぞれの要素を勘案し、まとめる作業です。）

・周辺排水設備の再利用が可能な場合、排水施設への流入高さを水下として完成高さとコート面勾配を決定します。

・水下、排水溝への流入高さをアスファルト舗装仕上がり面とします。

・排水溝が再利用できない場合、コート面の舗装断面とテニスコート周辺の高さ及び
　コート面勾配を基に完成高さを決定します。

・基盤となるアスファルト舗装断面を凍上深さや施工例を参考に決定します。

・アスコンは透水アスコンを基本とします。

・改修後の舗装断面と現状断面を比較し砕石路盤の再利用の可否を検討し、搬出土量
　が最小に留まるよう勾配や周辺取り合いを調整修正し、コート面のでき上がり高さ
　を決定します。

・設計の段階で施工性についての検討を並行して行い、施工機械の進入や残土搬出に
　ついてあらかじめ計画します。

・計画内容を図面化し、施工者に改修内容が十分行き渡るよう資料をそろえます。

施工

・設計に基づき施工計画を作成します。

・既存再利用品をコート外へ整理集積し処分品と分別し、コート面の作業を容易にで
　きるよう片付けます。

・設計に基づき丁張高さ杭を設置し、ペイローダー・ブルドーザー・バックホーによ
　り既存面を鋤取り、残土をダンプ車で場外へ処分します。

・設計断面に基づき路盤からアスファルト舗装までを行います。

・アスファルト舗装完成後、ネットポスト、センター金具受けを設置します。

・アスファルト舗装完成後、平滑性について検査確認し、必要に応じて切削や専用材
　料による擦りつけや盛りを施します。

・人工芝メーカー製品施工要領に基づき、人工芝を敷設し完成します。

1.2　クレイコートからハードコート

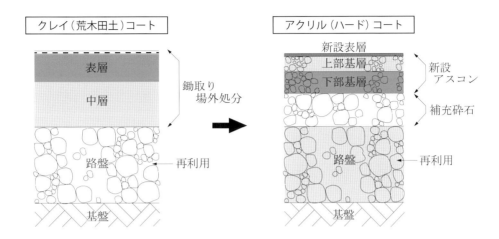

▽改修手順

調査測量

・周辺排水設備の流入高さ、コート面の高さ、テニスコート外周高を測量し確認します。

・コート面を掘削調査し現状断面を確認します。

・資材や残材の搬出搬入経路を確認します。

・電気・水道の設備や利用の可否を確認します。

設計　（以下を並行して行いそれぞれの要素を勘案し、まとめる作業です。）

・周辺排水設備の再利用が可能な場合、排水施設への流入高さを水下として完成高さ
　とコート面勾配を決定します。

・排水溝が再利用できない場合、コート断面とコート面周辺の高さ及びコート面の勾
　配を基に完成高さを決定します。

・基盤となるアスファルト舗装断面を凍上深さや施工例を参考に決定します。

・再生アスコンや細粒アスコンは使用せず、密粒アスコンを基本とします。

・アスコンは2層を基本としますが、用途目的によって1層も検討します。

・改修後の舗装断面と現状断面を比較し砕石路盤の再利用の可否を検討し、搬出土量
　が最小に留まるよう、コート面勾配や周辺取り合いを調整修正して、コート面ので
　き上がり高さを決定します。

・設計の段階で施工性についての検討を並行して行い、施工機械の進入や残土搬出に
　ついて検討しあらかじめ計画します。

・計画内容を図面化し、施工者に改修内容が十分行き渡るよう資料をそろえます。

施工

・設計に基づき施工計画を作成します。

・既存再利用品をコート外へ整理集積し処分品と分別し、コート面の作業を容易にできるよう片付けます。

・設計に基づき丁張高さ杭を設置し、ペイローダー・ブルドーザー・バックホーなどで既存面を鋤取り、残土をダンプ車で場外へ処分します。

・設計断面に基づき路盤からアスファルト舗装までを行います。

・アスファルト舗装完成後、ネットポスト、センター金具受けを設置します。

・アスファルト舗装完成後、平滑性について検査確認し、必要に応じて切削や専用材料による擦りつけや盛りを施します。

・ハードコートメーカー製品の施工要領に基づき、表面仕上げを行い完成します。

1.3　ハードコートから砂入り人工芝

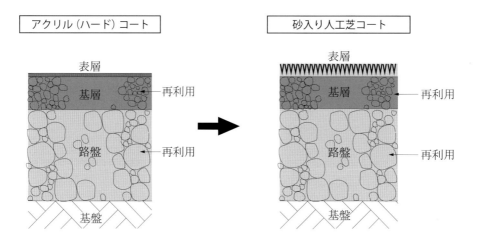

▽改修手順

調査測量

・周辺排水設備の流入高さ、コート面の高さ、テニスコート外周高を測量し確認します。

・コート面を掘削調査し現状断面を確認します。

・資材や残材の搬出搬入経路を確認します。

設計（以下を並行して行いそれぞれの要素を勘案し、まとめる作業です。）

・覆いかぶせるだけの安易な改修を前提としないように留意します。

・改修方針は既存コート面の水はけ状態やひび割れアスコンの劣化状態により判断します。

・コート面に大きなうねり凸凹がある場合は、アスファルト舗装をやり替えます。

・コート面のひび割れが不規則に全体に広がっている場合は、アスファルト舗装の撤去新設とします。

・使用目的にかなった人工芝製品を選定します。

施工

・設計に基づき施工計画を作成します。

・コート面の状態によりアスコンを撤去新設します。

・撤去アスコンの表面材料に留意し、アスベスト混入などがある場合、法令に準拠して適切に処分します。

・現況コート面の水はけが良好で大きなひび割れがみられない場合、コート面の小規模な窪みやひび割れの修繕を行います。

・ひび割れを埋めるなどした場合、コート面に水たまりができる場合があります。
　人工芝の敷設前に水はけを確認し、必要に応じて対処します。

・部分的な水たまりにはアスコンに水抜き穴をあけることも有効です。

・既存コート面が滑りやすい場合、高圧水洗浄や人工芝の滑り止め処置を施します。

・テニスポスト・センター金具を必要に応じて改修・修繕します。

・人工芝施工要領により人工芝を敷設します。

1.4 砂入り人工芝からハードコート

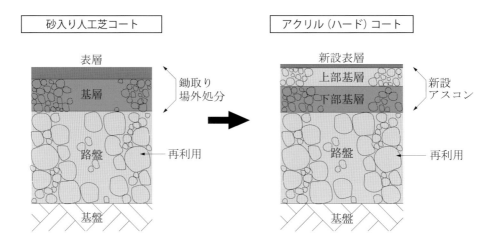

▽改修手順

調査測量

・周辺排水設備の流入高さ、コート面の高さ、テニスコート外周高を測量し確認します。

・コート面を掘削調査し現状断面を確認します。

・資材や残材の搬出搬入経路を確認します。

・電気・水道の設備や利用の可否を確認します。

設計　（以下を並行して行いそれぞれの要素を勘案し、まとめる作業です。）

・現状のコート勾配が適切であり、周辺排水設備が再利用可能であれば、人工芝撤去 及び基盤アスファルト舗装のアスコン部分を撤去し、アスコンで再舗装する方法で 仕上がり高さの検討設計を行います。

・再生アスコンや細粒アスコンは使用せず、密粒アスコンを基本とします。

・アスコンは2層（40㎜ +30㎜）を基本としますが、テニスコートの使用目的によっ ては1層（50㎜）も検討します。

・高さ設計については、既存の断面構造材を有効に利用します。

・既存アスコン面にクラックやジョイント分離などがなく、良好な場合アスコンを重 ねて敷設するオーバーレイも検討します。

施工

・設計に基づき施工計画を作成します。

・施工者はハードコートの下地となるアスコン面の精度がコート面の良否の決定的な要素となることを十分に理解し、管理者および作業者全員に周知します。

・多くの場合アスコン撤去後に砕石高さの不足が生じるので、砕石を補充転圧しアスコンを施工します。

・上層アスコンの施工方向は、可能な限り水上から水下への勾配方向に敷設し、下層のジョイントと重ならないように施工します。

・アスコンの打ち継ぎ箇所の施工には細心の注意を払い、コールドジョイントや転圧不足が生じないようにします。

・アスファルト舗装完成後ネットポスト、センター金具受けを設置します。

・アスファルト舗装完成後、平滑性について検査確認し、必要に応じて切削や専用材料による擦り付けや盛り付けを施します。

・ハードコートメーカー製品施工要領に基づき、表面仕上げを行い完成します。

1.5　人工芝から人工芝

▽改修手順

調査測量

・周辺排水設備の流入高さ、コート面の高さ、周辺高を測量し確認します。

・コート面全体について人工芝の糸丈、高さの残値を測定します。

・資材や残材の搬出搬入経路を確認します。

設計（以下を並行して行いそれぞれの要素を勘案し、まとめる作業です。）

・全面張替を基本としますが、測定値を基に使用目的や利用状況などを考慮して部分張替も検討します。

・通常パイル丈が10mm以下の場合、張替の適時です。

・製品の選定には価格・材質・パイル形状などの特徴を検討しますが、部分張替においては周辺高さとの段差をできるだけ生じない製品とします。

・既存芝の撤去処分や再利用の方法を検討します。

部分張替え例（単位・m）

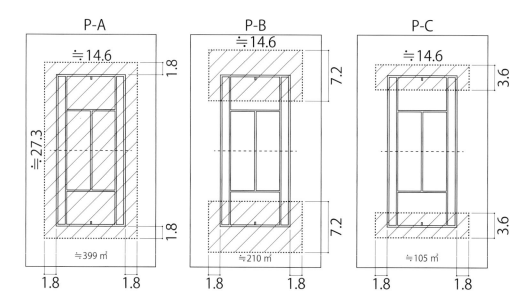

施工

・既存芝の撤去は砂塵の発生が問題となる場合があり留意します。

・発生する撤去人工芝は産業廃棄物として適正な処分を行います。

・既存面の窪みやひび割れを修繕します。

・人工芝メーカー製品施工要領に基づき、表面仕上げを行い完成します。

1.6　ハードコートからハードコート

▽改修手順

調査測量

・周辺排水設備の流入高さ、コート面の高さ、周辺高を測量し確認します。

・コート全体の水たまり、ひび割れ、表層の剥がれを確認、測定します。

・資材や残材の搬出搬入経路を確認します。

・電気・水道の設備や利用の可否を確認します。

設計（以下を並行して行いそれぞれの要素を勘案し、まとめる作業です。）

・既存コート面の確認測定を基にアスコンの再利用か改修かを検討します。

・大きなひび割れが複数生じている場合、アスコンの撤去、再施工とします。

・小さなひび割れや小規模の水たまりがある場合、ひび割れの修繕や表面の平滑性を
　回復させる方法を検討します。

・ひび割れの修繕には建築的なVカットシーリング材充填などの方法を用いません。
　直後に問題が生じます。専用の修繕方法、製品による修繕が必要です。

・既存面に大きなクラックや段差がある場合、アスコンを重ねて打ち増しするオー
　バーレイを安易に行わないようにします。

・多くの既存コートでは新設から30年以上経過している場合、アスコンの撤去、再
　舗装が適切です。

・再施工の材料は必ずテニスコート専用の材料で、5年以上の実績経過で品質が確認
　された製品を用います。

・既存コート表層製品と異なる表層製品を施工する場合は、蒸気圧による膨れ（ブリ
　スタリング）の発生や熱変化の違いによるひび割れが起こりやすいので、過去の実
　例などを参考に注意して製品を選定します。

施工

・現況コート面に大きなひび割れや陥没がある場合、アスコンを撤去し再施工しま
　す。

・現況コート面が水はけなど良好で大きなひび割れなどがみられない場合、コート面
　の小規模な窪みやひび割れの修繕を行います。

・テニスポスト・センター金具を必要に応じて改修・修繕します。

・ハードコートメーカー製品施工要領に基づき、表面仕上げを行い完成します。

・コートラインをDIYする場合、必ずコート面施工メーカーの専用材料を使用します。ホームセンターなどで購入した塗料での安易な施工によって、コート面を壊してしまう事例が数多くあります。

▽ひび割れ（クラック）修繕

　ハードコートの多くは、経年とともにひび割れが発生し、施工精度によっては短期間での発生もあります。打ち継ぎ箇所は高温のアスファルト合材を用い一体となるよう施工しますが、他の部分に比べ変形に対する強度は弱く、ひび割れの発生が顕著です。打ち継ぎ箇所の直線的なひび割れや亀の甲状のひび割れなど原因や形状は様々です。

　一度発生したひび割れを新設時のようにつなぎ合わせて補修回復する技術は現在ありません。安易な部分的アスコン打替えやコーキング材の充填は一時的なもので、短期間にさらにひび割れを増やします。

　ハードコートの歴史が長く面数も圧倒的に数多いアメリカでは、多くのひび割れ修繕技術が長年研究され製品化されています。中でもクラックを単純に埋めるのではなく、覆い隠す発想技術の製品は成功率も高く、施工条件に合えば十分に修繕することが可能で長期間の耐久性もあります。

 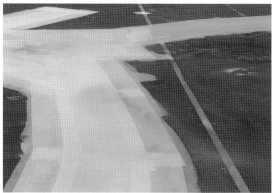

▽改修手順

調査測量

・既存フェンスの柱の変形や傾斜を確認します。

・地際の錆による劣化に注意し確認します。

・部材の塗装状態、錆の発生、ねじ類のゆるみを確認します。

・ネットの変形や破れの確認をします。

・管理者や利用者からの聞き取りなどで防球に必要な高さの確認をします。

・出入口の施錠状態や扉の立て付けを確認します。

設計（以下を並行して行いそれぞれの要素を勘案し、まとめる作業です。）

・本体に損傷がある場合、補強か造り替えかの判定を行います。

・施工場所の要件により合繊ネットまたは金網ネットの選定を行います。

・敷地内などで防犯上の必要が少ない場合、合繊ネットを推奨します。

・目隠しネットの取り付けと転倒防止強化策を検討します。

・必要に応じてネット高さの増設方法を検討します。

・安易なネット高さの増設は転倒の原因となります。

・増設ネットには受風圧の少ない細い糸を使用した合繊ネットなどを検討します。

施工

・コート面の養生を適切に行い、脚立などによるコート面への損傷を防ぎます。

・既存ネットを撤去し、必要に応じて本体の塗装を施します。

・主に合繊ネットで張替を行い、目隠しネットの取り付けを考慮したワイヤーなどを設置します。

・必要に応じて転倒防止のための基礎補強や控え柱増設を行います。

▽改修手順

調査測量

・コート面から最終流末（敷地外）までのルートと勾配を確認します。

・排水設備の蓋の欠損やひび割れ、錆などを確認します。

・排水溝や集水桝の蓋を開けて沈殿泥や劣化の状態を確認します。

設計（以下を並行して行いそれぞれの要素を勘案し、まとめる作業です。）

・テニスコートや運動場では、排水設備の勾配について土木施工における基本的な勾配設計とは異なり、排水設備に勾配を設けず水平に設置する例も多くみられます。ベースラインに平行した後方の排水溝を水平に設置することで、コート面勾配との納まりが良くなることが理由です。

・水平な排水設備を設ける場合は最長37 m程度とします。

・底上げなどで勾配を確保する方法も一般的ですが、コートの場合は不要です。

・U型排水溝のコンクリート蓋を軽量グレーチングに変えることで、コート面の排水勾配の確保や排水速度を向上させることが可能となります。

・排水設備はフェンス内側のコート内に設置されることが多く、蓋の破損や欠落は安全面に問題を生じるので蓋の交換など留意が必要です。

・コート外から雨水の進入が予測される個所には、排水設備の増設や流入防止のための防水柵や素掘りの段差などを設けます。

施工

・破損個所の交換や清掃によって排水を確保します。

・破損蓋の交換など行います。

4 テニスネット・ポストの改修

▽改修手順

調査測量

・ポスト地際とワイヤー巻取り個所の点検

・ポストの傾き点検

施工

・ポスト地際が錆により欠損が進行し穴がある場合、ポストを交換します。

・交換方法は基礎が十分な大きさがあり傾いていない場合、既存ポストを基礎面で切断しコンクリートホールソーで基礎にスリーブ穴をあけると同時に、既存ポスト埋め込み部分を撤去し、新規ポストを差し込み無収縮モルタルで固定します。

・基礎が傾いている場合、周辺を掘削し基礎を撤去し、新設時と同様に新規ポストを設置します。

・さびや塗装の劣化のみの場合、研磨し再塗装します。

・ポストのウィンチが劣化、ギアの摩耗があれば交換修理します。

・センターネットのワイヤーに劣化があれば交換修理します。

・白帯の破損が顕著な場合、メーカーでの工場修理または部品購入後DIY交換します。

第4章　照明設備

1　照明設備計画

1.1　照明計画の基本3要素

①照度：照度計測機を用いて計測します。

　コート内の明るさは最も重要です。高速のボールを視認するための絶対的な明るさの確保が必要です。明るさの単位はLx（ルクス）を用いて表します。

　JIS（日本工業規格）には、スポーツ施設照明の基準値が示されていて、レクリエーションレベルからプロ競技レベルまで使用目的に応じた値となっています。

　照明基準についてはJIS以外にもITFや競技運営組織などが独自の指針を示していて、計画にあたっての参考になります。

②グレア

　照明装置がプレイヤーに眩しく感じることについての要素です。数値化された極めて専門的な検討もありますが、実施検討にあたっては計画と類似の施設での例を参考に計画することがより良い結果につながります。プレイゾーンでのプレイヤーの視界に光源が直接入ることは、安全面からも可能な限り抑える必要があります。

③均斉度

　コート内の最も明るい地点と最も暗い地点について照度の差を割合で表します。

　平均的照度が高く明るいコートでも、極端に均斉の悪いコートでは、暗いコートよりプレイに支障が生じます。機械的な測定値は重要な判断材料となりますが、明るさ、プレイのしやすさは感覚に大きく左右される場合が多く、特に比較によって評価がされる場合が多くあります。隣接したコートの明るさが異なる場合、明るいコートはより明るく、暗いコートはより暗く感じるなど計測的な明るさとは差異が生じることがあります。

▽照度測定や設計計画についての留意点

　国内ではフェンスで区画されたテニスコート内すべての部分を測定対象、設計対象とする例が多くありますが、照度や均斉度の検討については適切ではありません。目安として、コートの評価で示したPPA（プリンシパルプレイエリア※P39）について検討することが実質的で妥当です。

◇　JIS　照度基準　（照明範囲：ラインを中心に 16m×36m）

競技場、競技種目 競技区分			維持照度 Em （lx）	照度均斉度 U0	屋内統一 グレア制限値 GRLa	平均演色評価数 RA
テ ニ ス	屋 外	I	500	0.7	50	60
		II	300	0.6	50	60
		III	200	0.5	55	
	屋 内	I	750	0.7		
		II	500	0.6		60
		III	300	0.5		60

競技区分　　　　　　　　　　　　　　　　　　JIS Z 9127：2011 より抜粋

Ⅰ：観客のいる国際、国内地域、または特定地域における最高水準の運動競技会
　　最高水準のトレーニング

Ⅱ：観客のいる地域全体または特定地域における一般的な運動競技会
　　高水準のトレーニング

Ⅲ：観客のいない特定地域の運動競技会、学校体育またはレクリエーション活動
　　一般のトレーニング

組織名　USTA・ASBA　（全米テニス協会・全米スポーツビルダー協会）

照明範囲		測定高さ	水平面照度平均値			均斉度
サイドラインより	1.83m	0.91m	分類Ⅰ（※1）	1250Lx 以上	平均値	1.5
バックラインより	3.05m			1000Lx 以上	最小値	
			分類Ⅱ（※2）	750Lx	平均値	1.7
				600Lx	最小値	
			分類Ⅲ（※3）	500Lx	平均値	2
				400Lx	最小値	

※1　プロ用の施設・国際的な施設・競技用の施設・大学の施設

※2　TV 放送のないプロテニスのイベント・観客席のない大学の施設・公園・娯楽施設
　　・宿泊施設に付帯する施設

※3　練習 / 娯楽用大学施設・高校の施設・テニスクラブ・公園・娯楽施設
　　・宿泊施設に付帯する施設

組織名　ITF（国際テニス連盟）

照明範囲	測定高さ	水平面照度平均値				均斉度
コートラインを中心として 15m×30m	コート面	Class1（※1）	1250Lx 以上	屋内		0.7 以上
			1000Lx 以上	屋外		
		Class2（※2）	750Lx	屋内		0.7 以上
			600Lx	屋外		
		Class3（※3）	500Lx	屋内		0.6 以上
			400Lx	屋外		0.5 以上

※1　コートから離れた観客席を有するトップレベルの競技会
※2　地域・地方のクラブトーナメントなど中規模な競技会
　　　中距離の観客席を含む高度なトレーニング
※3　ローカル・小規模なクラブトーナメントなど低レベルの競技会
　　　観客席のない学校スポーツ、レクリエーション、一般の練習

組織名　ATP（プロフェッショナルテニス協会）

照明範囲	測定高さ	水平面照度平均値				均斉度
定められた 15 の測点	0.91m	ワールドツアー	1076Lx 以上	測点 15		1.5 ～ 2.0 以下
		チャレンジャー	750Lx 以上	測点 15		1.5 ～ 2.0 以下

※　TV 放送は 2000Lx 以上
※　光は一貫した色でコート全体に均等に分散する必要があります

組織名　WTA（女子プロフェッショナルテニス協会）

照明範囲	測定高さ	水平面照度平均値				均斉度
定められた 15 の測点	0.91m	900Lx 以上(必須)	1076Lx 以上(推奨)	測点 15		1.5 以下
定められた 8 の測点		500Lx 以上	500Lx 以上	測点 8		1.5 以下

※　TV 放送は 2000Lx 以上
※　照明柱高さ：コート面から 12.2m 以上

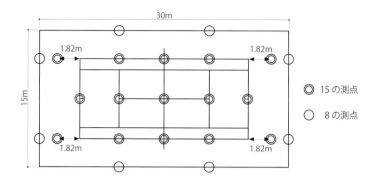

1.2　器具の選定

　現在、光源は以前の水銀灯やメタルハライドランプに変わってLEDの一択となります。様々な理由がありますが、従来の光源に使われた素材料や製造過程における環境への負荷が大きいことが主な理由です。環境問題の対策として、近未来には従来の光源製品の製造はなくなります。

1.3　LED照明器具

　製品化が急速に進んだLED器具は、2011年の東日本大震災によって発生した大規模停電や計画停電が大きなきっかけとなって大きく注目され、LED照明が省エネで長寿命との情報は急速に社会に広まりました。こうした情報や行政による補助金制度もあって、多くのテニスコートがLED照明器具の採用による改修を行いました。

　ただし、LED照明について当時の情報は不正確なもので、2011年時点でLED照明の性能は、従来のメタルハライドランプや蛍光灯と比較して省エネではありませんでした。そのころ、技術的には明らかなLED照明の持つ省エネの可能性を向上させるため、国内大手の照明器具メーカーはLED製品の研究を続けていて製品の販売を遅らせました。この間、ベンチャー企業や海外メーカーが工場照明や街路灯などのLED照明器具をテニスコート照明として安価に販売しました。その多くがテニスコートの照明として不十分な性能であったばかりか、数年後には故障し適正なメンテナンスやアフターサービスも受けられない事態が多数発生しました。LED照明は、過去の工業製品の中にあって最も急速に技術革新と高性能化が進んだ製品と言われています。2020年には、省エネで信頼できる高品質な国内製品やベンチャー企業製品の多種の販売が本格化し、これからのテニスコート照明器具のスタンダードとなっています。

1.4　照明方法

　テニスコートの照明方法として代表的な二つの方法があります。コート面から10m以上の高さからコートに向けて光を当てる方法（投光器方式）と6m前後のポールからコート面に光を当てる方法（ダウンライト方式）です。

▽投光器方式

　従来の投光器に変えて投光タイプの器具を設置します。形状は様々で大きさはコンパクトなものが主流となっています。器具取付はコート面より10m以上の高さがグレア防止には有効で、照明柱には既製コンクリートポールが多くの場合使われます。

　ポールの位置は、コートの四隅に立て光を交差させるようにコート面を照らすことにより、均質な照度を得ることが可能になります。LED照明の器具構成は、LED発光体を保持する本体とLEDを発光させるための電源ユニットから構成される場合がほとんどです。投光器タイプの設置にあたっては、電源ユニットを地上から1.5m前後に設置すると後々のメンテナンスに有効です。

参考図

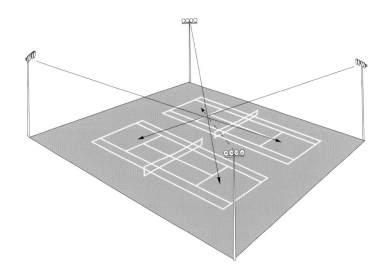

◇ダウンライト方式

　光の特性として明るさは光源と照射面の距離の二乗に反比例する性質があります。光源とコート面の距離が半分になると明るさは4倍になります。

　投光器方式で推奨される光源の高さは10m以上ですが、光源を下げてコート面に近づけることができればより明るくすることが可能です。明るさの効率が良くなることで、器具の設置数を少なくすることも省エネに貢献します。ただし投光器型の光源を下げた場合、グレアの問題と均斉度が極端に悪化し、プレイに支障が生じます。その問題を解決する方法として、照明光の特性を器具で修正し解決した方法がダウンライト方式です。LEDの発する光は強い直進性があることから、コート面に近づけた場合、良好な明るさの均斉を確保することは難易度が高く、多くの場合は光源の前面に取り付けたレンズによって特性を修正しています。設置方法は専用の鋼管ポールと組み合わせることが一般的です。コンクリートポールと違いコンクリート基礎が必要となり、設置費は割高になります。ダウンライト方式の特徴としてコート近隣に住宅や農地などがある場合、照明光の場外への影響を最小限に収めることが可能で、光害防止にも効果的な方式です。

第5章　TENNIS PLAY & STAY

1　テニス　プレイ&ステイの概要

　16年にわたり毎年USTA（アメリカテニス協会）の総会に出席する機会を得ることができた筆者は、アメリカのテニス関係者がいかにテニスの発展に情熱的に取り組んでいるのか、スポーツがいかに社会に大きな貢献をもたらすかを知る機会を得ました。そうした中で近年、大きな課題となっていたのが子供や若年層のテニス離れでした。USTAは最大の原因として、コンピューターゲームの普及によって子供たちが屋外で遊び、体を動かす機会が急速に減っていることだと分析しています。

　どのようなスポーツにあっても、次世代をになう子供たちや若年層が興味を示し、参加することが将来への継続的な発展にとっては欠かせない要素です。そうした背景を基にITF（国際テニス連盟）がUSTAの活動などを参考に、将来のテニス愛好者を維持しようとはじめたキャンペーン活動が2007年に始まったPLAY & STAYです。

　テニスには、興味を持ち、はじめてみようと思わせる魅力が十分にあり、若年層を引き付けることは比較的得意です。ところが、そうした興味や意欲を長く継続することが難しく、効果的でないスポーツのひとつだとこれまで長く言われてきました。テニス関係者はその理由についての分析を通して、幼少年期にはじめてテニスに触れるスタータープレイヤーに向けて、五つのメッセージを発信することでテニスを楽しみ、将来にわたってテニスの愛好者であることを維持しようとしています。

1.1 主要なメッセージと対処

・テニスは簡単です……………………スターターに適したボールの使用します

・テニスは楽しいです………………スターターが短時間にゲームを体験でます

・テニスの大会は楽しいです………適切な専用のルールなどで楽しむことができます

・テニスは健康的です

・テニスは全ての人のためのスポーツです

　Tennis 10sは主要なメッセージを具体化して、コート上で実践するためのプログラムとして創られました。このプログラムは小さなコートと柔らかなボールを使うことではじめてのテニスを楽しく体験し、競技できるルールと内容になっています。こうした取組はルールに基づいた競技につながっています。各ステージでの大会が企画、開催され、専用テニスコートの建設やUSTAの加盟コート1万面以上にラインが書き加えられています。

1.2 Tennis 10s プログラムの概要

RED（レッド）：Stage　3

TheBall（ボール）

＊YellowBall より 75%スロー

＊スポンジボール：8.00~9.00 ㎝Φ

＊フェルトボール：7.00~8.00 ㎝Φ

Court（コート）

10.97~12.8m×4.88~6.1m

ネット中央　0.8~0.838m

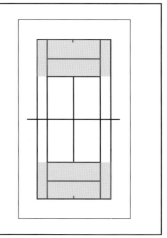

ORANGE（オレンジ）：Stage　2

TheBall（ボール）

＊YellowBall より 50%スロー

＊フェルトボール：6.00~6.86 ㎝Φ

Court（コート）

17.98~18.29m×6.4~8.23m

ネット中央　0.89~0.914m

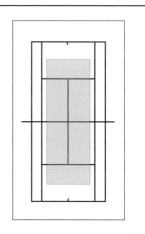

GREEN（グリーン）：Stage　1

TheBall（ボール）

＊YellowBall より 25%スロー

＊フェルトボール：6.30~6.86 ㎝Φ

Court（コート）

23.77~8.23m

ネット中央　0.914m

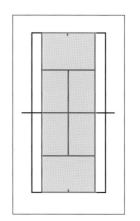

▽ラインのカラー

　これらのコートのラインはフルサイズのコートと識別するため、ベースになるカラーに近く識別可能な色を使用する場合が多くあります。ブルーのコートにはライトブルーのラインなどが代表的なカラーです。

▽ネットやボール

　センターネットを使用しないレッドの場合に使用するネットは、用品メーカーが簡易に設置できる製品を販売しています。ちなみにオレンジボールはITFビーチテニスでの正式な使用球です。また10歳以下の競技にレギュラーなイエローボールの使用は禁止となっています。

第6章　インドアコート

1 インドアコート計画

1.1　計画方法と概要

　コート面の改良は、天候に対処して稼働率を向上する目的で、多くの全天候型コートを造りだしました。同じ理由から天候の影響を受けない究極的テニスコートとして、インドアコートが造られました。とりわけ年間を通し降雨日が多い日本では、その役割は今後さらに増え続けます。またインドアコートは、周辺に対して照明や騒音など環境への悪影響が少ないことも特徴となります。インドアコートの新設計画について最も留意するべき点は、屋外テニスコート建設に関連する法規制とは大きく異なり、都市計画法や建築基準法、各種条例など多種で詳細な法規制が適用される点です。コート2面をカバーする建物の建築面積はおよそ1,300㎡にもなることから、住宅など小規模な建築物とは比較にならないほどより多くの制約があります。

　計画当初の事前調査については、より精度の高い調査が重要で不可欠です。民間テニスクラブでのインドアコート稼働効率は、天候と時間の制約から解かれることで屋外テニスコートのおよそ3倍となります。収益性の高いインドアコートですが、施設維持の諸税や諸費用、経年による修繕などの費用も大きな負担となります。通常建物は20〜25年を目安に大規模な修繕が必要となり、費用については当初より事業計画に反映させることが必須となります。

1.2　設計の委託

　インドアコートは建築物なので、法規制の問題や技術的問題を解決するため多くの場合、建築設計事務所や建設会社の設計担当部署が設計を行います。規模の大きな設計事務所や大規模ゼネコンでは、公共施設の設計などがノウハウとして織り込まれており、営業施設としてのインドアコートの基本的要素を超えて過剰な設計となりがちです。

　また、小規模設計事務所の場合、テニスコートやテニスについて知識経験が全くない場合でも、技術者としてのプライドや対価をいただくことへの責任感などから、他の施設や技術者の意見、情報を軽視する場合が多くあります。そうした設計事務所

は、建築主との付き合いが深く信頼を得ていることもあり、独自の方法に固守しがちです。そのことが原因で、計画が進むにつれて建築主との間で意見の食い違いが生じて計画が中断する場合や工期の大幅な延長、建設費が大きく予算を上回るなどの事例も数多くあります。目的を十分に反映した良質な施設となるか否かは、設計の段階でほとんど決まります。計画地を管轄する各行政との交渉経験や手続に熟知した地元の設計事務所とテニスコートの専門業者の技術や知識を組み合わせる方法が最も推薦される方法です。

1.3　インドアコートの建設方式

インドアコートの建設方式としては、①コート専用の建物を新築する②複層階の建物の一部を利用する③既存の倉庫を改修しコートとする、などがあります。

①専用建物

多くの場合、2〜3面のコートに屋根をかけて室内コートとします。専用建物は大規模な建築物となり、主構造や屋根の材料などに数種の工法が用いられます。

最も基本的な主構造は鉄骨造となります。鉄骨構造はコートのような大空間を造る場合、最適な構造です。鉄骨構造での留意点としては、スポーツの練習場として詳細な法令の緩和はありますが、建設地域によっては建築面積が1,500㎡（2面）を超えたインドアコートは、防火対策上の法令によって耐火構造が求められます。耐火構造とするための建設費用は、耐火構造としない鉄骨造に比べて大幅に建築費が増額となります。これは法令による制限の一例ですが、インドアコート建設については様々な法令が関係し、そのことは常に建設費用と密接に関連しています。事業用インドアコートでは過剰な建設費は大きな負担となり、費用対効果が得られません。

経済的な鉄骨構造の代表的な工法として、セミオーダー型のシステム建築があります。大規模倉庫や工場に向け開発された製品で、パターン化された構造によって個別に設計された鉄骨造に比較し工事費用が安価になります。鉄骨造のシステム建築は、法令にもよく適合することからインドアコートへの利用も容易です。

簡易なインドアコート建設としてテント構造があります。これまでのテント構造に課された法的な制約について、スポーツの練習場など用途を限定して法令が大幅に緩和され、テント構造インドアコートが数多く造られるようになりました。特殊な場合を除いて、建築規模は階数1で最大3,000㎡（約5面）まで可能となっています。

主構造は鉄骨で屋根、壁をテント地（帆布）とし、開口部を大きくとるなど開放性が条件となります。テント地の耐用年数は10年前後が目安ですが、実際にはそれ以上の期間で張り替える必要が生じます。屋根用鋼板の耐用年数は20年以上ありますが、定期的な塗装などを施せば数倍の耐用年数となります。

構造別比較

項目＼種別	重量鉄骨造	システム建築	RC+テント造	テント造
概要	専用設計	既成鉄骨	複合構造	テント外装
法規制	◎	○	◎	○
空間	◎	○	◎	◎
快適性	◎	○	△	△
建設費	△	◎	△	◎
採光	○	△	◎	◎
冷暖房効果	◎	◎	△	△
耐久性	◎	○	△	△
維持管理	◎	○	△	△
備考	設計の自由度が高い・法規制によく適応 建設費が比較的高額	設計の自由度は少ない 建設費が安価 工期が短い	鉄筋コンクリート構造との組み合わせ 建物の屋上などに適応	工事費が安価 テント膜の耐久性が課題

②複層階建物の利用

　新築建物では、最上階にコートを設置することで天井の高さを確保することができますが、途中階に設置する場合、有効な天井高さを最低6mは確保し、およそ二階層分の高さとなります。ロビングなどボールを高く上げることはできませんが、スクールなどでの限られたプレイは十分に可能です。床面はコンクリートとなるため、将来的なひび割れ対策としてカーペットコートや人工芝が多用されます。一般に大きな開口部による換気が難しいことから、カーペットや人工芝の擦り切れた微粉な繊維くずやボールフェルトなどが多く室内に飛散します。対策として良好な換気設備が必要となりますが、換気対策が十分な施設は少なく、こまめな清掃が必要です。

　コンクリート床面のひび割れを理由に、これまでコンクリート床面へのハードコート施工が困難でしたが、近年の需要拡大に応えるべく多くの技術開発が進み、コンクリート床面へのハードコート施工も可能になっています。

③倉庫などの改修

　既存の大型倉庫をインドアテニスコートに改修する計画は多くありますが、やはり法令の制約を検討しなければなりません。安易な改修は違法行為となり、万一の事故火災などにおいて大きな問題を生じることになります。最もはじめに検討する項目として、用途変更の確認申請手続が必要になります。倉庫としての利用を目的として建築され、そのことに沿って順法した建物をテニスなどスポーツに使用する建物に改修するには、目的に見合った設備構造が法的に求められます。ほとんどの場合、倉庫か

らスポーツ施設への変更には構造、設備変更のための大きな投資が必要となります。倉庫の新築時に提出した確認申請書「副本」を基本に、消防法など関連法規を参考に改修のための必要事項を検討することになります。万一、確認申請に伴う完成時の完了検査が行われていない場合、変更手続や順法とするための公的な手続は原則受け付けてもらえません。営業中の多くの倉庫改修コートは法令を遵守できていないものが大半です。

1.4　室内コンディション

　インドアコートでは降雨に対する対策が第一ですが、同様に夏の高温多湿になる室内コンディションについての検討は重要です。室内コンディションをエアコンなどで管理する場合、夏の暑さ対策が最も重要で暖房は不要です。大規模空間となるインドアコートについて通常のエアコン能力算定式を用いてエアコンの能力査定を試算すると、驚異的な大型のエアコン設備が必要となります。大規模なエアコン設備は費用対効果の面で不適切で、設置はお勧めしません。そこで設置可能なエアコン設備としては、テニスコート内のコーナーやコート間に中規模の室内機を設置し、主にテニスコート後方に冷気を送る方法が効果的です。スポットエアコンのような能力の小さなエアコンでも冷気はコート面に停滞するので、外気温との温度差もあり冷房効果を確認できます。

1.5　設計計画のポイント

・建物の方位に制約はありませんが、屋根勾配などによる隣地の日照に留意します。

・窓や開口部に強い西日が差しこんで当たらないようにします。

・室内の広さはラインから防球ネットまでをコートの広さとして検討します。

・多くの場合コート間に可動ネットを設置します。十分なコート間隔が必要です。

・天井高さはセンターネット上で9.5m、コート後方6m以上が推奨されます。

・防球ネットと構造物との間隔は、緊張したネットの場合に30cm以上確保します。

・照明器具の取付高さが制限されるので器具の選定や取付けに留意します。

・各コートへの出入りはネットの外側に通路を確保するのが理想的です。

・クラブハウスや自動販売機など光源を持つ施設、設備はコートサイド側に配置し、
　光源がプレイヤーの障害にならないよう配慮します。

・換気や採光の窓をコートバック側の壁面に設けません、止むを得ず設ける場合、ス
　リット状や小さな開口を避け、できる限り大きな開口面積を確保します。

・リゾート施設などにおいて気温の寒暖差が大きい立地条件の場合、屋根材やコート
　面に生じる結露に対策が必要です。

・コート内に排水設備を設置します、特にハードコートでは必ず設けます。

・コートを土間としてアスコン舗装などで仕上げる場合、柱や基礎際の周辺では沈下
　が生じやすく、あらかじめコンクリート土間にするなど対策を講じます。

・天井や壁などテニスボールが直接当たる個所については衝撃に耐える強度の内装材
　を使います。必要に応じて衝撃回避のための防球ネットを設置します。

・どのようなコート面を選択してもボールフェルトやシューズ屑でコート内の空気は
　汚れがちです。換気可能な開口部の設置や有効な換気設備が必要です。

・コート内の塗装色はボールの見やすさを理由として濃い緑色が安易に選定されます
　が、室内における濃緑色は雰囲気を暗くしがちなので注意が必要です。

・照明設備をはじめ、どのような場所でも管理作業が容易になるよう留意します。

・砂入り人工芝コートは乾燥によって充填砂が室内を飛散浮遊します。壁面全体が開
　口できる建物や十分な散水が可能な場合以外不向きです。

・コート面は屋外と同様の勾配を設けることで管理が容易になります。

第7章　屋上施設

1　屋上施設計画

1.1　計画方法と概要

　都市の商業施設や学校校舎の屋上階を利用したテニスコート設置は、建物の有効な利用方法として立案され、計画は数多くみられます。ただし、営利目的の商業施設では降雨や強風、台風、降雪など気象の影響を非常に大きく受けることから、地上に比較して一年を通して利用日数が少ないことや、建設条件などによっては防球施設が高額となる場合が多く、費用対効果が良好とはなりにくく、設置には十分な検討が必要です。防球ネットの構造や設置方法と床面の仕上げに特徴的な条件があり、留意が必要です。いずれについても建築基準法や消防法、各条令など法令の詳細な制約があり、注意しなければなりません。

1.2　防球ネット

　建物が新築の場合、防球ネットは構造体との一体化によって強度の確保は容易ですが、既存建物への設置は、建築基準法や消防法などの法規制を満たす計画は極めて難易度が高くなります。屋上専用の防球フェンス製品はほとんど販売されていません。計画の規模にかかわらず、知識、技術が豊富な専門会社に相談し計画することが適切です。周辺環境によってフェンス設置の条件は大きく変わりますが、ボールが容易に飛び出すような構造は絶対に避けなければなりません。小さなボールでも万一地上に落下した場合、通行人の怪我や、ボールに驚いた車が急ブレーキをかけて交通事故を引き起こすなど、不十分な防球ネットは大きなリスクを生じます。周辺に十分な広さが確保できる工場敷地など以外は側面と天井にネットを張る構造とします。

1.3　床構造

　屋上階スラブ面がアスファルト防水と押さえコンクリートで構成された床面の場合に、どのような条件が備わっても床面に密着するような材料の使用は避けることが無難です。防水を兼用してウレタンやシートなどでコート面を造った場合に必要な、下地内に滞留した蒸気を放出するための脱気装置をコートライン内などに設けることができず、不適切な設置箇所への設置や少ない数になると脱気効率が低くなります。蒸気膨張によってコート面に生じるブリスタリングと呼ばれる膨れ変形のトラブルが多発する問題が頻繁にみられます。適切なコート面材料としては、専用の置敷式の人工芝や空気層を持つゴムチップ構造のコート素材が推奨されます。また、ウレタン既存床面に人工芝などを敷設する場合、ウレタンが加水分解し破壊されることもしばしば起こります。対策として水分と熱の滞留が生じないような構造が必要です。

　ハードコートの施工も可能ですが、押さえコンクリートの膨張、収縮を考慮したエキスパンジョイントの適正な処理や下地の変形を緩和する緩衝層を設けるなど特殊な工法を用います。

第8章　ソフトテニス（軟式テニス）

1 施設計画

1.1 計画方法と概要

　ソフトテニスは日本において硬式テニスから派生し、進化した競技として多くのプレイヤーに楽しまれています。発祥の起源は諸説ありますが、硬式テニスで使用するフェルトボールが国内では高価で入手困難なことから、ゴム製のボールを使用したことにはじまると言われています。国内の校庭の多くが荒木田土や真砂土、砕石ダストなどで造られていて、校庭の一部を利用してセンターネットを設置することで安易にコートができたこともあり、学校体育としてのソフトテニスは、全国的に普及し今日まで中学校の授業やクラブ活動を中心に盛んに行われています。そうした背景から日本では、幼少年期に初めて接するテニスがソフトテニスの場合も多くあります。ソフトテニスの指導に当たる愛好者の中には、硬式テニスとは対峙し一線を画すような指導もみられますが、根源を同じくするスポーツとして、いずれのテニスも互いへの尊敬と理解によって共に普及、発展することが望まれます。

　ソフトテニスは、全国規模の組織化や大会運営など関係者が長年にわたり注力した結果、国内で多くの愛好者を育み、近年にはアジアを中心に国際大会も開催するなど国際化にも意欲的に取り組んでいます。

1.2 硬式テニスコートとの違い

　最も大きなコート施設、設備での違いは、センターネットの中央にストラップはなくネット上面を水平に張ることです。そのため軟式テニス用のテニスネットは硬式ネットと比較して細く軽量なネットを使用します。ゴムボールを使うことからはじまった競技スタイルから、クレイコートや砂入り人工芝が推薦されるコート面ですが、近年の国際化もありハードコートでの国際試合も開催されています。国体などでは専用のテニスコートも準備されていますが、基本的なテニスコートの要素は硬式と重なることから、硬式テニスコートのネットを張り替えるなどの変更でソフトテニスコートとして使用されることも多くあります。

1.3　国際化と国内事情

　ソフトテニスは独自に定めていた詳細なコート施設に関するルールを長期間採用していましたが、近年の国際化やさらなる普及のために2004年には硬式テニスのコート施設との違いを一部修正し、現在のルールが採用されました。現在のルールに基づけば、国内の数多くのコートでの公式なソフトテニス競技が可能になり、一層の普及と発展が期待されます。

1.4　コートに関するルール

▽日本ソフトテニス連盟・ソフトテニス競技規則から抜粋しています。

(各図共通　単位：m　/　縮尺：FREE　)

広さと基本要件

▽コートライン（ダブルスのマッチ）

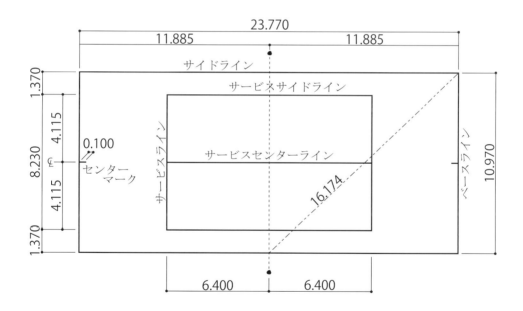

▽ コートライン（シングルスのマッチ）

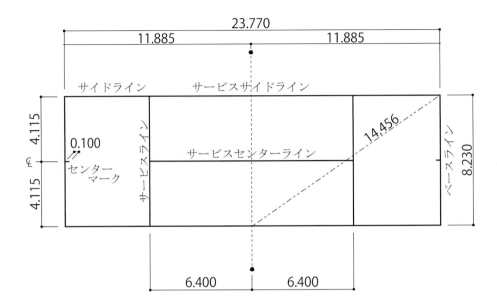

コートのラインは原則として、白色で、幅は5cm以上6cm以内とする。ただしベースラインの幅は5cm以上10cm以内とする。

▽ 推奨されるコートの広さ（原則）

1面レイアウト　　　　　　　　複数面レイアウト

▽傾斜

コート及びアウトコートは同一平面の平坦なスペースでプレイに支障のないように整備されていなければならない。ただし、アウトドアにおいては排水を考慮しプレイに支障のない程度に傾斜をつけることができる。

▽コート面

コート及びアウトコートのサーフェースは、アウトドアではクレイ、砂入り人工芝、または全天候型ケミカルとし、インドアでは木板、砂入り人工芝、硬質ラバー、ケミカル等とする。

▽ネットポスト

ネットポストは直径7.5cm以上15cm以内とする。

両ネットポストの間隔はその外側において12.80mとし、その高さは1.07mとする。ただし、設備等の状況によりやむを得ない場合は、ネットポストの高さを1.06mから1.07mまでの範囲内とすることができる。

(著者注:ネットポスト間隔が硬式ではポスト中心距離12.8m)

▽審判台

審判台の座席の高さは1.50mを標準とし、ネットポストから審判台の最も近い部分の水平距離で60cmのところに置くものとする。

▽ネット

①色は原則として黒色とする。

②高さは1.07mとする。ただし、設備等の状況によりやむを得ない場合は、1.06mから1.07mまでの範囲内とすることができる。(ネットの張った時の高さは、サイドラインの上において1.07mとし水平に張るものとする。)

③長さは12.65mとする。

④網目は縦横とも3.5cm以内の四角形とする。

⑤ワイヤーロープは長さ15m、直径4.5㎜を標準とする。

⑥上端は両面において幅5cm以上6cm以内の白布で被う。

⑦ネットの両端はネットポストに、下端はコートに接着させる。

あとがき

　テニスコート施設の設計と施工に40年以上携わり、常により良い施設を目指して与えられた役割に最善を心掛けてまいりました。しかしながら、結果として失敗や問題を生じてしまうこともありました。そうした中にあっても、私の技術的な知見に基づいた業務に多くの方々から機会を与えていただき、長きにわたってテニスコート施設造りに携わることができました。誠にありがとうございました。

　本書は、これまで様々なご支援をいただいた皆様に心からの感謝と御礼を申し上げる気持ちをこめて、日本のテニス発展に少しでもお役に立てればと書きまとめました。

　テニスを愛しテニスコート造りに携わる皆様のご健勝とご多幸をお祈り申し上げております。

羽鳥　昇

〈主な参考サイト〉
　International Tennis Federation　（https://www.itftennis.com/en/）

〈主な参考文献〉
　日本ソフトテニス連盟・ソフトテニス競技規則
　USTA　TennisCourt　AConstruction & Mointenance Manual

〈著者略歴〉
羽鳥　昇　Hatori　Noboru
一級建築士・一級土木施工管理技士・一級造園施工管理技士。
1951年生まれ東京育ち。1980年代に社会的現象にまでなったテニスブームを背景に多くのテニスクラブ新設工事に携わり、東京2020大会の有明テニスの森テニスコート工事を手がけるまで40年間にわたり、民間、公共の様々なテニスコート工事の企画・設計・施工の実績を重ねた。
また海外におけるテニスコート建設事情の視察研究にも意欲的に取り組み、1985年には現在のIMGの前身であるニック・ボロテリーやハリー・ホップマンのテニスコート施設を訪問し多くの知見を得る。
2004年からは毎年US・OPEN訪問やグランドスラム競技会場など海外視察を重ねて、世界のテニスコート事情を国内に反映させるためハードコートの普及に努めた。
1998年、スポーツサーフェス株式会社代表取締役を退任。

テニスコートの建設と維持管理
計画から設計・施工・メンテナンスの基本

ISBN978-4-924833-78-4

2023年2月27日　初版発行

著　者　羽鳥　昇
発行人　川﨑　文夫
発行所　（株）体育施設出版
　　　　〒105-0014　東京都港区芝2-27-8 VORT芝公園1F
　　　　TEL.03-3457-7122　　FAX.03-3457-7112
　　　　https://taiiku.co.jp

デザイン・DTP　　（有）オフィスアスク

印　刷　高千穂印刷（株）